生者のざわめく世界で
震災転移論

磯前順一
Jun'ichi Isomae

Hearing Disquiet Voices in this Living World
On Transference Caused after Disaster

木立の文庫

本書のメイン舞台となる
福島県「浜通り」の三域

プロローグ

クマちゃんが教えてくれたこと

福島県双葉《ふたば》郡《ぐん》富岡町《とみおかまち》「夜《よ》の森《もり》」の桜並木は、日本三大の夜桜のひとつと言われる。東日本大震災の当初、全長二㎞に及ぶこの並木の大部分が帰還困難区域❖10-1として閉ざされたバリケードの向こう側にあった。★1 その後、帰還困難区域が徐々に解除され始めてからは、人間が往来できる部分に桜並木の一部が含まれるようになったが、それでも多くの部分は依然として人間が不在の空白地帯に属したままにある。

月光に照らし出された無人地帯の夜桜は、人の心を狂わせるような美しさを誇る。まさかそのせいではなかろうが、狂ったとしか思えないような事態が月下の桜の花のもとで、この十年以上のあいだ続けられてきた。それは、空き家になった避難民の家からの

★1「夜の森」に咲く桜〔2017.4.11〕

盗難である。盗人たちは帰還困難地域[❖1]を示すバリケードを乗り越え、無人地帯となって住宅街のほぼ全域にわたって窓を割る。そこから鍵に手を回して、窓を開けると、そこから押し入って、物品を盗み出すのだ。無人地帯で、放射能が強すぎでパトロールにも入れないため、通りに面した家屋の窓ガラスを割って白日のもと押し入っても、誰も見咎める者はない。

砕け散ったガラスがそのまま庭に放置されている家屋がある。庭木や雑草が伸び放題となり、割れた窓が外から見えにくくなっている家屋もある[★2]。植物が伸び放題になっているのは、長い避難生活のあいだに持ち主が物故してしまったからだと考えられている。さらには家屋と家屋の間には広い範囲に砂利が敷き詰められている。故郷に戻る見込がもてなくなった家屋が、持ち主によって取り壊されたのであろう。

破壊された窓から家屋に、イタチやタヌキなど小動物たちが入り込む。縄張りを示す意図か、屋内いたるところに糞尿が巻き散らかされている。自身が表に出ることができなくなり、腐乱した死体が屋内で発見されることも珍しくない。この小動物たちがこの地域の山野の食物連鎖の一部をなしていることを思えば、かれらもまた放射能に汚染さ

❖1　2011年4月、第一原発から半径20km圏内に立ち入りを禁止する「警戒区域」が設定され、30キロ以上離れた地域にも「計画的避難区域」が設定され、避難指示が出された。
2012年4月、警戒区域と計画的避難区域は、「避難指示解除準備区域」（早期解除を目指す）、「居住制限区域」（計画的に除染を進める）、「帰還困難区域」（将来にわたり居住を制限する）に再編された。

れていたことは間違いない。それにもかかわらず、その汚染度を示す数値が積極的にわかりやすいかたちで公表されてきた例を、わたしは寡聞にして知らない。そう、放射能汚染の問題は、原子力エネルギーを作り出した人類だけの問題ではない。動物や植物や鉱物など、地球の生態系そのものを狂わせ、破滅へと追い込む元凶なのである。

富岡町から国道六号を南に九kmに走って到る楢葉町《ならはまち》は、二〇一五年の九月まで全町避難を強いられた。戦後の浜通り❖2が原発によって変わっていく様を見つめてきた早川篤雄氏〔宝鏡寺、住職〕は、この楢葉町に二〇二〇年、地域の歴史と原子力エネルギーに関する資料を集めた〈伝言館〉を私費で設立した。

そんな早川氏が、二〇二二年暮れに八十三歳で肺炎で亡くなった。岸田文雄首相が原発回帰の方針を掲げた一週間後のことである。十一年余りにわたり、原発訴訟を戦っている最中の死であった。そして、早川夫妻が可愛がってきた飼い犬のクマちゃんも、ご

★2　窓が割られた住宅〔2022.9.18〕

❖2　北海道・岩手県に次いで広大な福島県は、西の山側から「会津」「中通り」「浜通り」の三地域に分けられる。海に面する「浜通り」には南北に、国道6号とJR常磐線が通る。

主人より一足早く、その真夏の盛り、お盆の時期に逝っていた。早川住職の「殺すな　殺されるな　殺し合うな」という言葉を体現する、★3否、第一原発周辺の被災した人びとや生きものたちの困難な生を体現する存在であった。

　クマちゃんは享年十八歳。七歳のときに東日本大震災を被災した。取るものも取らずに「とにかく避難せよ」という行政の指示が出るなか、早川夫妻は、妻の千枝子が運営する障碍者施設の十二人とともに、いわきへと避難していった。避難中に三人がみずから命を絶つ壮絶な移動であった。夫妻が楢葉の自宅にクマちゃんを残してきたことを思い出したのが、第一原発爆発から十日ほど経って、いわきに落ち着いたところだったというのも、やむをえない話であった。

　いわきの避難先から早川夫妻が楢葉に戻ったのは、この地区が警戒地域として立ち入り禁止になる直前のことであった。すでに故郷の入口にはバリケードが張り巡らされ、警察が立ち入りの尋問をする状況で、事情を説明して入る許可を得た早川住職は、十日間の孤立のなかで骨と皮だけになってかろうじて生き延びていたクマちゃんに出会う。つ

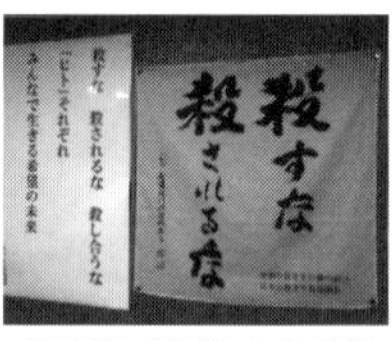

★3　伝言館に掲げられた言葉

ながれていなければ、エサや飼い主を求めてどこかに出かけてしまったであろう。一方、つながれていれば、水分もエサも得ることができず、餓死していたであろう。長いリード線で境内を自由に行ったり来たりできる状況が、住職とクマちゃんの再会を可能にしたのであった。

ご主人との再会を喜んだクマちゃんであったが、それからの生活は、浜通りの被災者たちが味わったであろうと思われる困難を、やはりペットならではのかたちで被ることになる。生きる意欲を失っていたのであろう、まず食事も受け付けないようになっていた。避難先のいわきでは、みなし仮設[3]の大家さんのご厚意で軒先のほんの小さな空間にクマちゃんの犬小屋を置けたものの、鳴くと周囲からうるさいと言われる。聡明なクマちゃんは次第に犬小屋のなかに入り、一日一、二度の散歩以外は、表に出ないようになる。引きこもりである。それが五年間のいわきでの避難生活で好転することはなかった。

楢葉への一時帰宅が許可されるようになると、のびのび動き回れるようにと、早川夫妻はクマちゃんも自宅に連れて行く。だが、うずくまったまま、けっして動こうとはしなかったという。「自分がまたここに置き去りにされるのではないか」と不安で仕方ない

[3] 東日本大震災では、プレハブ仮設、公営住宅の活用に加えて、民間賃貸住宅を借り上げて被災者に提供する「みなし仮設」(借り上げ住宅)が多く活用された。

のだ。クマちゃんにとって故郷は、自分が見捨てられたつらい記憶の場所でしかなくなっていた。だから、飼い主たちに対しても、自宅に自分を迎えに来てくれた早川住職以外の家族には、心を閉ざしたままの状態が長く続いた。

五年を過ぎて楢葉町に戻れるようになったから、少しずつ時間をかけて、クマちゃんは家族に対する信頼、次に周囲の人びとに対する信頼を取り戻していったのだという。

そんなクマちゃんに私が出会ったのは、震災から七年目、二〇一八年のことである。早川さんと親交のある里見さん〔本書第四幕〕が案内してくれたのだ。★4 人なつっこい、元の性格に戻っていたときのことになる。たとえそれが、表面だけのことであったとしても……。クマちゃん、十二歳の春。故郷に戻ってまだ二年。浪江のタクシー運転手の言葉を借りるならば〔本書一八三頁〕、「クマちゃんにとっては、震災二年目」ということになる。それから六年の歳月を通して、クマちゃんは緩やかに心を回復していった。

★4　クマちゃんと里見さんと〔2022.3.9〕

「殺すな　殺されるな」という伝言館の言葉を文字どおり実践する早川夫妻。私がクマちゃんに最後に会ったのは昨年、二〇二二年、関西・関東の研究者仲間との共同研究会の際であった。九月初旬のこと。犬小屋の奥にいてなかなか姿を現さないクマちゃんを何度か呼んでみると、伝言館の帰りには表に出来てくれていた。★5『もう、耳も目もきかなくなっているんだねぇ。それなのに出て来てくれて、ありがとう』と、その優しい気持をねぎらった。

『動物は言葉を話せないから、よけい切なくてね』――現在、宝鏡寺を預かる早川千枝子さんもそう語っていた。クマちゃんのような、自分の命の在り方を自分で決めることのできない小動物だからこそ、災害の最大の被害を被ったことを誰かに託して伝えたかったのかもしれない。

それに関して、にわかには信じがたいエピソードがある。

　私がクマちゃんに最後に会ったのは、二〇二三年九月である。しかし、飼い主の早川千枝子さんによるとクマちゃんが亡くなったのは、同年八月、お盆の暑い時期のことであったという。いわき湯本の古滝屋館主、里見喜生さんの記憶でも、やはり二〇二二年のお盆だと言う。となると、私が会ったと思い込んでいた二〇二二年九月中旬には、クマちゃんはこの世のものではなくなっていたことになる。とすれば、クマちゃんが犬小屋の中からなかなか出て来なかったのも、ある程度説明が可能となる。別の世から、このように戻ってきていたのだから……。にわかに信じがたい話ではある。

　だとすれば、クマちゃんは本書を書いている私に、「生命の大切さを伝言館は人びとに伝える場所なんだよ。人が人にだけではなくてさ、動物が人に、動物が動物に。あらゆる応答の関係を含むものが、伝言なんじゃないかな」と伝えたかったかもしれない。翻って、原発推進の立場は、消費主義的な欲望を優先して生命を軽視する、クマちゃんとは相いれない考え方なのだ。

　いま、伝言館の入口にある犬小屋には、クマちゃんの青い首輪がひっそりと置かれたままになっている。

★5　小屋に籠もるクマちゃん〔2022.9.18〕

生者のざわめく世界で

もくじ

事のはじまる

［序幕］

それは誰の声か――太陽を盗んだ男

私が写っている写真★X-1は、東日本大震災で甚大な被害を被った宮城県女川町《おながわちょう》。二〇一一年のゴールデンウィークの風景である。被災地を見わたすことのできる高台の上に立って、すべてが津波で奪われた街を目の前にして、一九七九年に封切られた沢田研二主演の映画《太陽を盗んだ男》を思い出していた。

そのラストシーンは、原爆が破裂して画面全体が真っ暗になるところで終わる。

当時、沢田は二十九歳。日本社会から政治的情熱が失われたしらけ世代を代表するスターであった。この映画で彼が演じた役は、原発を作ることで社会とコミュニケーションを図ろうとする孤独な男。しかし結局は、弄んでいたはずの原発=社会に、自分のほうが吹き飛ばされてしまう、そんな救いのない結末の映画であった★X-2。

そう、原爆で吹き飛ばされないほど、当時の日本社会は堅固なものに映じていた。少なくとも当時、高校生だった私には、世界は憎らしいほど確かなものであった。疎外感に苦しんでいた自分は、「そうだよな、そうだよな」と頷きながら、この映画を一人で見入っていた。そう、あの頃はこの世界に自分の居場所がないと感じていた。世界の片隅

★X-1　女川町の高台より〔2011.4.29〕

★　本書掲載「現地」写真は磯前礼子氏撮影

にひっそりと棲んでいてさえも、誰にも顧みられなかったからであろうか、居場所がないと感じていた。それは長いあいだにわたる、私の通奏低音となった。内面の閉そく感など、誰にも伝わりはしないものと途方に暮れていたのである。

しかし、二〇一一年に東日本大震災が起きて、放射能障害に日本社会全体がおびえるようになってからは、映画《太陽を盗んだ男》は、孤独な男の夢想として片づけることができなくなってしまう。実際に社会の何かが、福島第一原発が爆発することで吹き飛んでしまったからである。沢田の演じた主人公の夢想が現実となるディストピアが、姿を現したのだ。

だが、「社会」とは、いったい、何を意味するものであるのだろうか。そもそも、この社会を構成する「私」とは、どのような存在を指すものなのであろうか。多くの者が幸せであるためになら、その幸せの代償を誰かに支払わせてもよいものなのだろうか。しかし、そうやって幸福を得た者たちが、自分のために犠牲になった人たちに対して、さらに「わたしはあなたの気持がよくわかるのよ」と同情することもあって、誰が加害者

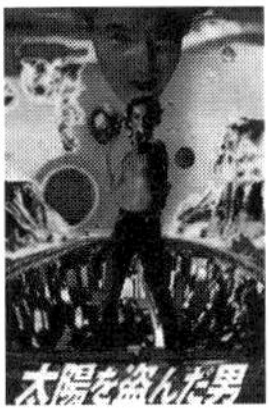

★X-2　映画：太陽を盗んだ男
（長谷川和彦監督）

であり、被害者であるかという搾取の構造は、いっそう不分明になっていく。

震災において、被災者の苦しみを聞いたり、その声に耳を傾けたりする。こうした相手の声に耳を傾ける行為は「傾聴」と呼ばれてきた。それは傷ついた人の心を癒すものとして、この震災をきっかけとして大きな注目を浴びる技法となった。本当に相手の立場になって、その声に耳を傾けることは難しい。自分に聴こえてくるのは相手の声だと思っていたところ、それは自分の声を聴いているにすぎなかったということはしばしばである。

プロローグでお伝えした、伝言館のクマちゃんの身に起きたことは、けっして、気の毒な飼い犬とその家族に起きた出来事だけではない。日本社会全体が被った、あるいはこの社会全体が引き起こした、「構造的な問題」であることを、見逃してはならないのだ。

そこに、震災をめぐる議論がすべからく当事者意識のもとで始められなければならない理由がある。震災とは、いまなお私たちの魂を揺さぶって止まない感情的な災害でもあるのだ。

それは、福島や東北地方の被災者のみならず、日本社会全体に、そして太平洋の海水へのトリチウム水の排出と放射線による大気汚染の拡大を通して、さらに地球全体へと被災の規模は〝転移〟している。しかも、そのほとんどは目には見えないかたちで。それは、地球上のいたるところに起きている被災感情、および汚染の「転移と反復」をめぐる議論である。


被災転移論の切り札はどこにあるのか。

そのためには、〝転移〟することで広がっていく症状を、その根本をなす社会構造および心的構造の反復として受け留めること。そのうえで、その構造の台本とでも呼ぶべきものがどのような構造あるいは物語をなしているのかを、無意識の領野における効果とともにその症状の本体を、批判的に明るみに照らし出していく必要がある。それが、精神分析的な転移論の技法にのっとって、社会および個人という主体構造に変容をもたらすものになるはずである。

つい最近まで、私は「傾聴」行為のはらむ難しい問題に気づくことはなかった。まして や、自分自身が感情という鳥かごに閉じ込められているからこそ、あれほど熱心に被災地に通って、被災した人びとに耳を傾けようとしていたことなど、まったくの盲点であった。

じつはそこにこそ根本的な問題がある。はたして自分がその鳥かごから出たがっているのか、いつまでもそこに留まっていたいのか、それとも他人までを自分の鳥かごに引きずり込みたいのか。それが、いまでも自分には判断がつかない。おそらく、紙一重の行為なのだと思う。

では、自分は何の鳥かごに閉じ込められてきたのだろう。

だから、本書の伏流水は「捕らえられた鳥かごと秘密の小部屋の物語」といえようか。震災を通して明らかになる、世界に対する人びとの信頼（＝転移）の感情と、その世界が崩れていくという不安。〝転移〟という心的過程は、「人間の感情が揺さぶられて、他者の心のもとに吸い取られていく」事態をも招き入れる。いま流行っているコロナという感染病の例を用いるならば、転移とはまさしく心と心のあいだに起きる感染現象である。それは同時に、他者を自分の心理的な問題構成のなかに巻き込んでいくことにもなる。

自己と他者のあいだの感情の〝転移〟現象を通して、それがいずれの方から他方に向かう方向をとるにせよ、自分が当初より抱えている心の問題構成が、鮮明な縁どりのもとに顕現し、その問題がどのようなものであるのかが分析可能な状態に置かれるようになるのである。

〝転移〟それは、自分の心が誰かの心によって虜にされてしまうこともあれば、逆に、望もうと思えば、他人の心を自分の思いのままにできる心的現象。たとえば、マッサージ師の世界に心身とも委ねた患者は、依存心が強くなりすぎると、殺人の指示さえも進んで実行してしまいかねない、という。それほどに、身体から依存する人間の心は、熟練者にとって容易く操作できるものなのだ。それが感情の〝転移〟という心的現象である。啓蒙主義的な学者たちの抽象的な言語が通用することのない非言語的な世界、身体に根ざした感情の世界の動きなのだ。

第一幕

石巻

ISHINOMAKI

傾聴論——翻訳不可能性

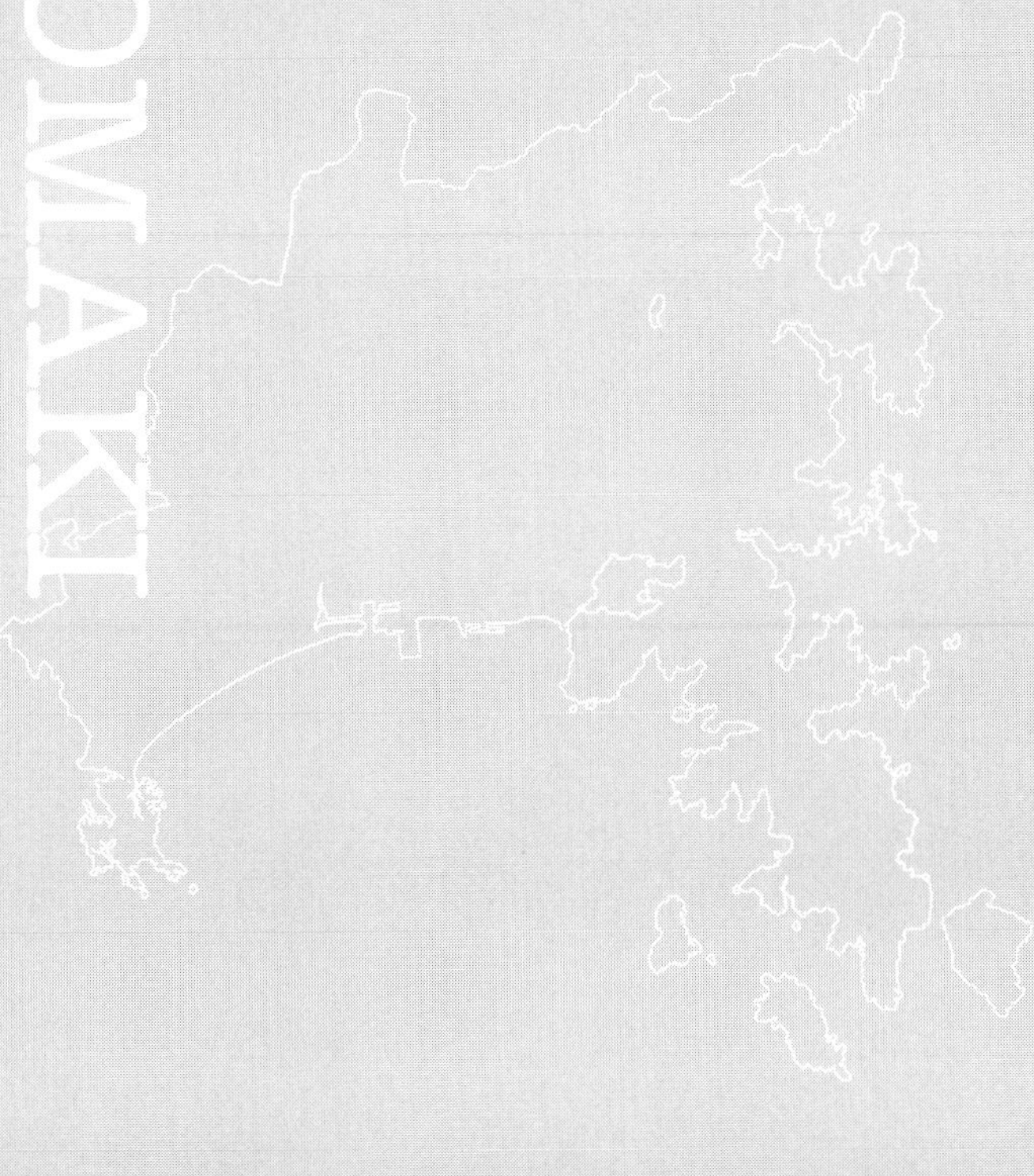

日和山《ひよりやま》

津波に呑まれて

二〇二一年一二月末日、東日本大震災から十年目。物語がふたたび始まる。
杜の都、仙台から仙石線で約一時間を乗ったところにあるかつての港町、宮城県石巻《いしのまき》市。それは、市町村単位でいえば最大の犠牲者数四〇〇〇人を出した場所であった。北上川河口から、十年前の大津波で呑み込まれた白い乗用車がクレーン車で海底から吊り上げられた。車体には、岩ガキのような巨大な貝殻が幾重にも付着していた。何を養分にしたのであろうか、その大きく成長した乳白色の貝殻には、びっしりと緑色の苔がむしていた。それは、この車両が海中に沈んでいた十年の歳月を物語っているようであった。

人が乗っていた痕跡は残されているのか？　おそるおそる車のなかを覗くと、当然のことながら、そこに人影はない。代わりに、免許証が見つかる。掲載されていた携帯電話の番号にかけてみる。呼び出し音がしばし鳴る。『はい、もしもし』……驚いたことに受話器の向こう側から声がする。日和山を登る坂道で、渋滞に巻き込まれた車を捨てて、走って山に登って危機一髪助かったのだ。車での避難に固執した人たちは、次つぎに津波に呑み込まれていったという。

同じ時刻の仙台海岸部の県道一三七号線。津波を逃れようと、多くの車が仙台東部道路を目指して並び大渋滞が起きる。そこに津波が後方の海から、同時に先回りして前からも車を取り囲む。渋滞した車列は次つぎに海底へと引きずり込まれていく。ドアの窓を叩いて助けを求める人びと、脱出しようとする人びと。水圧で車のドアはもう開かない。

俺は後部座席に置いてあったスパナで窓を割って、外に脱出して、電柱に捕まって朝まで救助を待っていた。雪の舞う真冬の寒い晩だったはずだけれども、人間ってあまりに怖しい思いをすると、寒さなんてまったく感じなくなるもんなんだね。

車に閉じ込められた人たちの刹那の表情、助けを求めるそのまなざしは死ぬまで忘れることはできない、と間一髪脱出した人は語っていた。

現地ではこうして呑み込まれていった車両が、いまでもときどき海底から発見される。だが、こうした報道が東北地方以外の地域に放映されるのは稀である。自分にとっては、テレビの画面を通しても初めての光景であった。たしかそのときの報道も、福島県の浜通りにある、いわき市の温泉宿〔後述、古滝屋〕に滞在中に、テレビのニュース番組で見たように記憶している。

寝っ転がってテレビを見ていたのが、あまりの衝撃に、私は身を起こして画面に見入っていた。日常の人間関係に悩まされながら、つつがなく暮らしている自分の生活のなかに、否応なしに十年間の記憶が蘇ってくる。フラッシュバックする十年前の出来事から私たちは何を学び、自身の日々の暮らしをどのように改めたのであろうか。結局は、温暖化によるエネルギー不足を理由に、ふたたび原発に依存しようとする。除染した汚染土を福島第一原発地域に集中させた。[1-1] めどの立たない廃炉作業のなか、増え続ける汚染水を海にたれ流そうと目論む。[1-2] それが戦後の日本が目指してきた「民主主義社会」の、偽らざる現実の姿なのだろう。

あの車のなかには何が残されていたのか。何の物品も残されていなかったのか。その内部をひと目見たくて、数日後、私は石巻に向かった。かつて繁華街があった北上川河口の中洲、中瀬地区でタクシーを拾う。その運転手がつぶやく。

震災十年でひと区切りなんて、誰が言ったんだい。友達が、あの震災で何人も亡くなった。だけどな、それだけじゃない。いまも苦しんでいる人がいる。先日ここでタクシーに乗った人は牡鹿半島の人だったよ。死にたくてさ、あいつは毎日酒を飲んでる。自分以外の家族、全滅さ。娘と息子と女房と親父をね。早くお迎えに来てほしくて、毎日酒飲んでる。「死にたい、死にたい」って、ずっと泣いてた。俺は返す言葉がなくて、黙って耳を傾けながらハンドルを握っていたよ。

❖1-1　除染で発生した汚染土（除去土壌）は、原発に隣接する中間貯蔵施設に一時保管されている。帰還困難区域「外」の除染はおおむね終わったとされるが、復興拠点「外」の帰還困難区域の除染は具体策がない、という。

❖1-2　廃炉に向けた準備の第一歩である「処理水（汚染水浄化した水）の放出」、その一回目が2023年8-9月におこなわれた。放出完了まで30年程度かかるとされる区域の除染は具体策がない、という。

　私自身も毎年、それなりの頻度で被災地と呼ばれる東北地方に通っているつもりではいた。たしかに心の傷が癒えていないという話は耳にしていた。それでも、その当人、あるいはそうした人に直接会ったという話をじかに聞くことはなかった。だから、そういう人たちが十年経っても未だいるということは、はっきりとは想像できていなかった。
　どこかで声がする――『おまえの「やさしさ」はその程度のものなのか。ずいぶんと貧弱な精神だな』と。自分の想像力というものは非常に貧しいものだと、改めて感じさせられた。あるいはこう言い直したほうがよいだろうか――そもそも私は、本当に「他者」という存在を念頭に置いて、日々の生活を暮らしていたのだろうか。

　そんな思いのなか、二〇二〇年三月一一日、地元の友人に案内されて辿り着いたのが、東松島市での合同追悼会であった。コロナ禍が続くなかでの、公共団体が唯一主催した合同追悼会。二時四六分。そう、あの津波が訪れた時間である。三月一一日の、その時間に私はこの式場にいた。★1-1

★1-1　東松島の追悼会〔2020.3.11〕

十年経ったことで、遺族たちの気持に本当に区切りがつくものなのか。それを実際に見極めたいという思いが自分にはあった。しかしそれと同時に、自分がその場にそぐわない余計者だとも感じていた。遺族たちと目を合わせるのがとても怖かった。かれらのせいではない。私が勝手にそう思ってしまったのである。自分の心のなかから来る、未だ正体不明の不安に打ち負されていたのだ。

個人的な印象だが、全員、黒い服を着た参加者たちは、そのときもなお葬式を続けていたように見えた。法事とは、死者を忘れないようにするためのものだと、私は思う。だとすれば、忘れてしまいそうな心理的な社会状況があって初めて、必要とされるものなのである。

しかし、未だもって遺族の人たちの心のなかには、亡くなった人のことをどう受け留めてよいのかわからない感情が渦巻いているかのようであった。いまも、家族を失った現実に折り合いがつかない人が多数いる。自分の存在の一部が突然、強引にもぎ取られてしまったのだ。であるなら、葬式とは、その死が受け留められない遺族のための、現在進行形で執りおこなわれる鎮魂の儀礼とみるべきなのであろう。

世俗的価値を重んじる私の同僚は言った――『いまの社会は死者の匂いが強すぎる。もっと、生きている人間中心の社会にしないといけない。この社会はいま生きている「自分たち」のためにあるのだから』と。でも、ちょっと待ってほしい。押しの強いその人物がまくしたてるかたわらで、私は思った。

私たち生者が排除した「かれら」という存在があるから、「わたしたち」が存在する。排除はどんな集団であれ、人間が社会を営む以上、無くなるものではない。首都圏の人びとが安全で快適な生活を営むために、その外部にある福島に、危険をはらんだエネルギー補給地としての原発をつくったように。そもそも「わたしたち」という言葉は、その成り立ちからして、「だれか」を犠牲にすることで成り立つ罪深いもののように感じられる。

だとすれば、自分の穏やかな日常というものは、精神分析医ジークムント・フロイトのいう〈否認 *Verleugnung*〉の状況に合致するものではないのだろうか。意識の裡で認めるには耐えがたい不安が起こると、それは意識の外部へと、無意識の世界へ排出される。フロイトは、それをまず〈抑圧 *Verdrängung*〉と呼んだ。
しかし、その出来事がさらに耐え難いものならば、いっそう重度の事態が人間の心身に起こる。〈否認〉と呼ばれる状況である。「自分はその出来事の影響を一切受けていない」と感じているとしても、心の外側にある身体には差し障りが起きる。体が弱くなったり、胃が痙攣したり、頭痛が止まらなくなったり、さまざまな体の症状が起きる。心が自分に起きた出来事が引き受けられないので、身体に症状が移ってしまう。これが否認。

無意識という場においてさえ、心の痛みは居場所を見出すことが出来ず、さらに身体へと排除されていく。心の痛みを麻痺させることと引き換えに、身体のほうが今度は痛み始める。なぜ体の一部が傷むのか？　心の世界と身体の痛みのつながりに気づかなければ、その回復は容易でなくなってしまう。

心が認めたくないという事態は、本人にとって、じつは深刻な問題となる。人間の心は、受け留められないほどの出来事を引き受けられるほど強い存在ではない。[1-3]〈否認〉が家族や職場で起こると、そこでのいちばん弱い者に、痛みが集中する。その結果、職場

❖1-3　人間の心は、不安や脅威・恐怖からみずからを守るために、さまざまな防衛をしている。「高次」水準の防衛には、抑圧・反動形成・隔離・置き換え・退行・同一化・知性化・取り入れ・合理化などがある。「中間」水準の防衛には投影など。「原始的」水準の防衛としては、分裂 - 排除・否認・投影同一化・理想化 - 価値下げ・躁的防衛がある。

や学校でのいじめや、家庭での引きこもりが起こる。多かれ少なかれ、こうした状況に巻き込まれた人も少なくないことだろう。

トラウマ　翻訳不可能なもの

東日本大震災以降、余震が続く東日本。未だに真夜中に地震で目が覚める。かすかな揺れのときが大半。それでも、心の奥底では怯えているから敏感だ。あの大地震が自分たちを襲う日の再来を恐れている。心が無防備になった真夜中の地震だから、私たちの意識が眠り込んだ不意を襲って、つねに思い知らされるのだ。かつての戦場ノモンハンを訪れた村上春樹は、夜半、激しい地揺れを感じて目を覚ます。[*1-1]

でもそれから僕ははっと気づいた。揺れていたのは部屋ではなく、世界ではなく、僕自身だっ

＊1-1　村上春樹『辺境・近境』新潮社, 1989年, 188頁.

たということに。それがわかると、身体の芯まで冷たくなった。……それほど深く理不尽な恐怖を味わったのは生まれて初めてだった。それほど暗い闇を見たのも初めてだった。

それはまるで、現在の日本社会の象徴のようだ。多くの死者と被害者、故郷の喪失。そこから人びとは必死で復興してきた。ただし、その声が聞こえないようにと、耳を貸さないようにと、必死で働いてきたのである。その声に心を奪われた者、捕らえられてしまった者は、復興していく世のなかの流れから取り残されていった。

たしかに、仙台をはじめ、大きな都市には活気が戻ってきた。以前と何も変わらないように、以前と同じような社会生活、経済生活を営めているかのように。しかし、誰もが気づいている。もう、かつてのような能天気さで資本主義経済のもたらす幸福を信じることはできないことを。代わって、日々の生活の足許から聞こえてくるのは、〝否認された世界〟の復讐のためのざわめく声々なのだろうか。

「自分とは何かということをずっとさかのぼっていくと、社会と歴史ということ全体の洗い直しに行き着かざるをえない」という村上の言葉は、個人を起点にして歴史を考えるとは、自分の感覚を揺るぎなきものと信じ込むことではなく、みずからの裡に過去が闇が浸み出し、個人が解体されるほどの危うさに身をさらすことだと、改めて思い起こさせる。

福島県から他県へ避難してきた被災者に対する差別。あるいは同じ福島県内でさえ、いや同じ海岸部でさえ、原発周辺地域の人びとが避難してくることに対する拒否感がみられるという。

「なんであいつは働かなくても生活できるんだ」――生業が奪われて、賠償金で生活をしていると、嫌味を言われる。「この街から出ていけ」と、壁に落書きが書かれる。「被災したからと言って、働かなくても大金を手にできるなんて、変でしょう」――それが街の人の本音。事実、避難民に対する嫌悪感のあまりの強さに、茨城県北部などへと引っ越さざるを得なくなる。

次の話は、先述した〔本書八頁〕水戸のマッサージ師のものである。

福島から引っ越してくる人は結構いますよね。ええ、うちにもマッサージを受けに見えますよ。慣れない地域へ引っ越したことで、周囲の被災していない人たちに気を使っているから、ストレスを感じることが多いのですよ。とくに親類を頼って、そのお宅にお世話になっている場合は深刻ですね。

でも、ストレスは被災者に留まらないのです。お世話をしているご家族の方も、親類とはいえ、日頃一緒に暮らしていない人が家の中に住むようになるのですから、ストレスが溜まる。だから、同じ家に住む、被災者とそのお世話をしている家族が、それぞれ内緒でマッサージに通ってくることも珍しくはないです。

さらにその家に通っている東電の非常勤職員も、疲れ果ててうちに通ってくるなんて例もあります。彼らは彼らで、被災者から『なに様だ！　ふざけるな』って、東電のエリートたちに代わって、避難者の怒りをぶつけられている。なかには書類にハンコを押してやる代わりに、体を要求される女性職員までいる。堪まったもんじゃないですよ。

そこには、被災者なのにさらに「被差別」の立場に追いやられてしまった人びとの、二重の苦しみの縮図が看て取れる。廃炉関連の安全無配慮や搾取、そして国民たちによる

「そんな現実が福島に存在すること」の否認。だから、この過酷な状況を眼の前にして、現地に足を運んだ人びとは言葉を失う。そこは、もはや生者の言葉が届かない世界。現代の日本にこのような〝空白地帯〟が存在するものかと、我が目を疑う。

その空白地帯を、宗教人類学者のタラル・アサドにならって「翻訳不可能なもの *the untranslatable*」という言葉に置き換えることもできる。目にした光景を、言葉に置き換えることのできない世界だ。いまも脳裏に焼き付いた、津波に呑み込まれんとする人びとの絶望の眼差し。助けを求める叫び声。私には伝えることも、聴くこともできない。死者の想いに応えることもできない。あの当日から十年間、被災した人びとを襲った出来事は、他人が翻訳できるようなものではない。

だから、「被傷者と接する中で、その人たちの負う傷が深すぎて、手を差し伸べられない、差し伸べても届かないと感じることが多々あった」と、トラウマ研究に従事する精神科医、宮地尚子は語る。さらにいえば、本人自身にも伝わるような適切な言葉を見つけることもできないと加えるべきであろう。宮地は「環状島」という譬えを使って、トラウマの翻訳不可能性をこう記述する。[*1-2]

＊1-2　宮地尚子「環状島とはなにか」『環状島へようこそ――トラウマのポリフォニー』日本評論社, 2021年, 15頁.

トラウマをめぐる語りや表象は、中空構造をしている。トラウマと向きあうということは、中心に沈黙があること、つまり、〈内海〉には語ることのできない人々や語られないままのことがたくさん沈んでいることを認識し続けることにほかならない。

そう、自分の想像を超えた光景を目の前にして、私たちは言葉を紡ぎ出すすべを知らない。被災地の置かれた状況の翻訳不可能さを痛感する。

翻訳不可能さとは、大都会に住む恵まれた人間の貧困な想像力では、けっして追いつくことのできない状況を指す。しかし、大都会の傲慢で無責任な人間が、過酷な現実に追いつかない自分の言葉の貧弱さに気づくことはほとんどない。だから、自分の言葉で翻訳ができた、ということにしてしまう。相手の世界の固有の論理あるいは雰囲気を、自分の世界の言葉に回収してしまう。しかし、そもそも自分の言葉が、他の言葉と違う固有の論理を有するものであるために、翻訳とはそもそも不可避の暴力性、あるいは対象に変化を加える行為である。そこにさらに無自覚な翻訳行為が加わったときに、二重の暴力が行使されることになる。

いったい、誰のせいなのだろう。いつから、自分はこんなに他人の痛みに無感覚な人間になってしまったのだろうと恥じ入る。いや、人間というものはもともと他人には無関心なのだ、と理解したほうがよいのかもしれない。それにもかかわらず、自分を善意の塊のような人間と誤解したがるのではないだろうか。他者の眼差しに心を閉ざし、仲間内だけで喜びを分かち合う人びとを「恥知らず」と呼んだ、アメリカ在住の日本研究者、酒井直樹の言葉が思い出される。[*1-3]

同じ空想に酔っている人々のあいだでは、空想に酔うことは恥ではない。ところが、醒めたまなざしをもつ者がいるとき、酔っていることそれ自身が恥として感じられる可能性が生まれる。「同胞」とは恥を感じなくても済むような「身近な人々」のことである。……同じ日本人なのだから、「私が」恥ずかしい思いをするとき「あなた」もまた恥ずかしい思いをするだろうから、あえて「私」を辱めるような行為をする人間は、日本人としての共感の絆を犯すものとして弾劾かつ排除して構わないはずだろう。

*1-3 酒井直樹『日本／映像／米国——共感の共同体と帝国的国民主義』青土社，2008年，234-235頁．

酒井の文章を読んで私の心に浮かぶ光景は、籠のなかに捉えられた鳥を、暢気に眺めている人間の風景。しかし突如として、光景は一転する。「私が鳥、鳥が人間」。いつの間にか籠のなかに私がいて、籠の外の巨大な鳥が私を眺めている。

この部屋の外で、あの窓の向こうで、黒い巨大な鳥が飛んでいるのかも知れない。黒い夜そのもののような巨大な鳥、……ただあまり巨大なため、嘴にあいた穴が洞窟のように窓の向こう側に見えるだけで、その全体を見ることはできないだろう。……鳥は殺さなきゃだめなんだ、鳥を殺さなきゃ俺は俺のことがわからなくなるんだ、……リリー、鳥を殺さなきゃ俺が殺されるよ。リリー、どこにいるんだ。[*1-4]

そこでは、見る者と見られる者の立場が覆されている。気づいたら、あっという間に、人間と鳥、すなわち自己と他者の立場が入れ替わっているのだ。見る側は、相手の全体にわたるイメージを掴むことができる。しかし見られる側は、何が自分に起きているか把握することはできない。ただ、その状況に巻き込まれ、圧倒されていく。

*1-4　村上龍『限りなく透明に近いブルー』講談社,1976年,203頁.

統一した光景を形成することさえ困難なまま、記憶のなかでは、思い出したくもないイメージの群れが散乱しているだけ。それを統一したイメージにすることなどできない。ましてや、どうして言葉などに出来るものであろう。精神分析医の小此木啓吾が「赤ん坊」の心的発達段階として記述した次の状態こそ、この精神的状態が退行した有り様を描写したものと言えよう。[*1-5]

この段階では、わたくしたち正常な成人が体験している欲望や快楽の世界、ひいてはそれらをみたす対象（または対象像）の世界は形成されていないのであって、ひたすら、現在の内的な不快・苦痛の解消を求める衝動しか働いていない。そしてこの世界には、まさに夢も希望も対象もないのである。

何年経っても何も変わらない。だからトラウマはフラッシュバックを繰り返して、断片的なイメージとして、一瞬のうちに被災者の心身をばらばらにしてしまう。何度でも何度でも崩れ去る、砂の塔のように。それは、他人には伝えることができない、他者への翻訳不可能な出来事だ。でも、それだけではない。他者へ翻訳する以前に、自分で自

＊1-5　小此木啓吾『笑い・人みしり・秘密』創元社，1980年，52-53頁．

身に何が起こっているのかが把握できないのだ。そこに、〈否認〉という防衛機制を克服することの難しさがある。

自分にとって「あの日に起きた出来事が、それからの自分の生き方にどのような決定的な影響を与えてしまったのか」、自身で意識化することすら容易ではない。あまりにも圧倒的な出来事に遭遇すると、その経験を言葉にすることじたいを人は断念せざるを得なくなる。他人に共有してもらえそうな出来事であり得るはずもない。なによりも、本人が思い出してしまったら、それ以上、人生の歩みを続けることが困難な出来事なのである。

フランスの哲学者、ジャック・デリダのいうところの「不可能性の経験 *experience of the impossible*」である。到底、言葉にしえない、翻訳不可能な経験を、あえてどのように言葉にして他人に伝えていくのか。なによりも、自分の身体や無意識の次元で起きて、意識閾に上ることを拒否している経験を、どのように自己意識に理解させていくことができるのか。ここに、認めたくない例外的な経験を被った人間が、社会で孤立して、死に追いやられていく原因のひとつがある。

たとえば、バルザックの短編小説《アデュー》では、夫の伯爵を助けるために、ひとり戦地に残り、二年ものあいだロシア兵の集団の慰みものにされながら戦地を引きずりまわされた、貴族の婦人の話が載せられている。[*1-6] その身に起きたあまりに過酷な状況ゆえ、彼女は記憶を失い、森のなかを彷徨《さまよ》っていた。ついに、夫との再会が起こる。そのときの出来事を、作者は次のように言葉を継ぐ。

彼女の涙は乾き、まるで雷に打たれたかのように彼女の身体は硬直し、かぼそい声で彼女は「お別れね（アデュー）、フィリップ。愛しているわ、アデュー！」と言った。
「ああ！　死んでる」と腕を開きながら大差は叫んだ。

彼女にとっては、記憶など回復しないままのほうがよかったのかもしれない。だからといって、気が狂ったまま、戦場でなぶりものになり続けていたほうがよかった、とは誰も言えまい。そもそも、あのおぞましい出来事が起きたときから、肉体はこの世で生きながらえていても、彼女の魂はすでに死んでいたのではないのだろうか。

＊1-6　O. de バルザック〔1830 年〕／大矢タカヤス訳「アデュー」『シャベール大佐』所収 , 河出文庫 , 1995 年 , 175 頁 .

現実の出来事を否認することによって辛うじて守っていた命が、その記憶を回復した途端、その過酷な出来事に耐えきれなくなってしまったのだ。その意味では、真実を知ればよいということにはならない。〈否認〉して命を守るということも、積極的な意味をもつことがあるのかもしれない。

それにもかかわらず私は、被災地の本を『死者のざわめき』という名のもとに書いた。[*1-7] 言葉を失った現地の人びとの代わりに、言葉を生業とする自分に出来ることもあるのかもしれない。そう確信していたというよりも、そう信じずには日々をやり過ごすことができなかったのだろう。

アメリカ、ドイツ、チェコ、ハンガリー、ルーマニア、シンガポール、中国、韓国、台湾。世界各地の講演会で話をしながら、被災地の経験をもとにその本をかたちづくっていった。被災地の人びとの苦闘の軌跡を、そのほんの一部にすぎないにせよ、自分が見

*1-7　磯前順一『死者のざわめき —— 被災地信仰論』河出書房新社, 2015年.

聞きしたこととして、世界各地の人びとに届けたいと思ったのだ。それが自分の弱さでもあったにせよ。

しかし、あのときの私には、死者のざわめく声々が本当に聴こえていたのだろうか。私の独り言にすぎなかったのではないか。そんな疑念をだんだん抑圧できなくなっていった。私の友人、仙台の大学に勤める神学者は、エッセイのなかでこう語っている。*1-8

> 建物が流されて土台だけになった跡地は、イスラエルで見て回った古代遺跡のようだった。荒浜小や大川小学校の話は胸が痛むし、いろいろと思うことはあったが、……どうにもならないのは仮設住宅だった。被災者とどう話していいかわからない、何を聞いていいのかわからない、そもそも話を聞いていいものかどうか。物見遊山で来ているだけの人間が、大切なものを失ったからこそそこにいるに違いない人に興味本位で語りかけることはできなかった。ただただ申し訳ない思いだけを抱えてその場を去った。被災は他人事だった。

「被災は他人事だった」――これこそ、被災地に住むかなりの人が抱える、偽らざ

*1-8　上村静「被災者でない私が『被災地』に住むと」尚絅学院紀要81, 2022年, 21頁.

る感情だろう。自分は家を流された。でも家族は生き残った。でも隣の家は、大切な家族までを失った。あるいは、自分は兄弟を失った。でも隣の家は、生き残った当人を除けば全滅であった。そのときかれらは、現場から取り残された部外者のように自身を感じざるを得なくなってしまう。被災者の意識調査をおこなっている研究者によれば、どこまでが被害者という当事者で、どこからが部外者という非当事者なのか、被災地ではすべが不鮮明になる傾向にあるという。

二〇二〇年三月一一日の夕暮れ時に、この友人と石巻《いしのまき》の日和山《ひよりやま》〔本書一〇頁〕を訪れたときである。東京の学生が冬休みで帰省していて、震災に関するインタビューをおこなっていた。わたしたちにも当然のように声がかけられた。だが、彼は『被災したこの土地の人間でないから、語る資格はない』と強く拒否した。聴き手のインタビュワーは日和山周辺の若者であった。この地域に生まれた彼女は、幼いときにこの津波に呑み込まれたが、幸いなことに日和山で樹木に引っかかって一命を救われたという。

流されてきた人間が樹に引っかかることは、あの当日、津波に襲われた東北地方の海

岸部各地で起きていた。次のような光景は、震災の翌日には珍しくなかったという。[*1-9]

太い枝の上に、大きなゴミと共に中肉中背の女性の遺体が乗っかっていた。濡れた黒い髪がだらりと垂れさがっている。津波によって運び上げられてしまったのだろう。木が傾いて倒れかかっているせいで、よじ登って下ろすことができない。……少し離れたところに、小学生ぐらいの男の子が大人の女性と手をつないで見上げていた。

家族も自分も、その生死は紙一重だった。傍目で見ても、友人の表情が強ばるのがわかった。『この土地の方じゃないからこそ、お話を伺いたいのです』と懸命に食い下がる彼女に対して、やはり『被災者じゃないから』の一点張りのまま、インタビューのための交渉は終わってしまった。

私もまた同じように無力感に耐えられない。ただし、だからこそ苦しくなって、積極的に何かを語ろうと欲する。自分もまた被災した方々の役に立つ存在なのだと思い込もうとする。罪悪感からである。それゆえに、私と友人は表裏一体の関係にある。いずれ

*1-9　石井光太『津波の墓標』徳間書店, 2013 年, 32 頁.

も同じ「部外者」という罪悪感から出た行動という意味では、現れ方は正反対でも同根なのだ。しかし、何の「罪悪感」なのか？　その正体は、すぐには理解しかねるものであった。

では、私たち表現者にとって、被災地を訪れること、そして語ることは、いったいどのような意味を有するものであるのだろうか。ここでは、私たち自身の社会的地位を問題としたいのではない。被災した人びとにとって、何らかの意味をもつものであり得たのだろうか？　被災地とその外側の人びとを架橋する役割を果たすことができたのだろうか？　震災九年の段階で、表現という行為のもつ両義的な危うさについて、次のように語った発言がある。[*1-10]

＊1-10　吉田千亜『孤塁——双葉郡消防士たちの3・11』岩波書店, 2020年, 20頁.

もう九年と思う人もいるだろう。しかし、「まだ」九年である。一人一人がさまざまな思いや苦悩を抱えるなかでそれを聞かせてもらい、文字にすることは、常に「伝えたい」「残さなくてはならない」という思いと、「申し訳ない」「畏れ多い」という思いの繰り返しだった。事実と証言だからこそ、取捨し、まとめるということに対して、自責の念に苛まれる。

短文ながらも、表現行為のもつ決断力とその責任の表裏一体性が端的に表わされている。その葛藤に堪え得る主体の共同をもつ者だけが、対象を捉える眼差しの深さというものを育み得る者なのだ。そこでは世俗的な日常社会での評価など、何の役にも立ちはしない。

私の脳裏を「翻訳不可能」という言葉がふたたび横切る。石巻のタクシーの運転手の言葉を思い出す。

お客さん、京都の大学で宗教を教えているって言ってたね。でも、本当にあんたに人の心のなかが見えるのかい。人の心のなかって、震災の美談もそうだけれど、そんなきれいなもんじゃない。どろどろした感情が渦巻いていて、大変なもんさ。だから、この土地に暮らす俺たちは互いの心には触れようとはしない。仮設住宅だって、隣の知らない人の家に上がり込んで、泣いて自分のつらい気持を話すなんて、ほとんどないよ。心の闇は、互いに感染するものなんだ。だから俺たちは、お互いの心を覗いたりしない。そっとしているのさ。それを美談に仕立て上げてるのは、ここに住んでいないあんたたちさ。おれに言わせてみれば、その後の生活を共にする義務も覚悟がないから、何でも言えるんだよね。みんな、自分の暮らしに疲れているから、よそではきれいな話を聞きたいんじゃないかな。

震災直後に私の恩師のひとり、民衆思想史の安丸良夫が言った――『むやみに人の不幸で物を書くんじゃない。まだ出来事の全体像は見えていないぞ』『それでも、きみが被災地についてものを書くんなら、十年は続けなさい。それが、物書きとしての責任の取り方だ』。安丸はその三年後に、交通事故で突然の死を迎える。『あと五年は、この世の行く先を見届けていたい』と言いながら逝った。今年であの震災から十一年目。その年月をもってしても、自分の描いたものが現実に追いつくことはないと感じている。

閖上
声を失う

さて、仙台にいた私は、南にある名取市閖上《ゆりあげ》へと下っていった。「震災は他人事」というつらい認識を引き受けようとする神学者の友人の運転で。

津波復興祈念資料館〈閖上の記憶〉では、「死んだら終わりですか」という言葉が中学校の授業用の机に油性ペンで書かれている。★1-2 息子を失ったお母さんの言葉である。地震のあと津波が来るまでのあいだ、役場の対策が思うように機能せず、逃げ遅れた息子が、閖上中学校に走り込むわずか手前で津波に呑み込まれてしまったのだ。

そこには、遺族からのやむにやまれぬ問いがある。私は懸命に耳を傾ける……死者の言葉にならない言葉を聴き取ろう、と。そこでふたたび、私は「言葉」を失う……言葉に出来ないほどの、あまりにも重い想いを前に。このお母さんはもちろん「死んだら終わりだ」などとは考えていないだろう。それは震災直後の遺族にとっては、つらすぎて

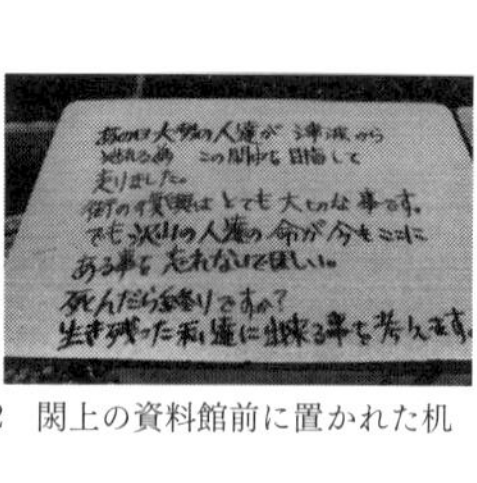

★1-2　閖上の資料館前に置かれた机

受け入れがたいことである。だがその一方で、言いづらいことではあるが、息子さんが生き返ることがないのもまた、動かし難い事実なのである。
では、どうしたらよいのか。生と死のはざまのどこに、亡くなった人、さらには被災者たちの命を置いたらよいのだろうか。さらに、それを言葉にしようとする表現者の立場は、どこに置くべきなのだろうか。先ほどの神学者の友人は言葉を継ぐ。[*1-11]

震災を契機に新しいモノの見方が生まれ、新しい研究が進められている。それはいいことだ。被災地内外の人が被災地に来て被災者に話を聞く、そうして新しい研究報告書が出され、今後の知見に役立つ、あるいは被災者にとって慰めとなる本が書かれる。素晴らしいことだし、そういう研究のできる研究者をすごいなと思う。うらやましいとさえ思う。被災地に住む被災者でない私は、被災を自分事のように代弁することはできないし、まったくの他人事として冷静に分析することもできない。宙ぶらりんな私は、被災地におけるアイデンティティを確立できずにいる。

もうひと場面、紹介しよう。津波のひと月後、再開直後の仙台空港のそばで立ち尽く

*1-11　上村静，前掲，22頁

す私と息子である。[★1-3] 言葉を見失った私たちは、途方に暮れたまま、それぞれにあらぬ方向を見ていた……「どこかに、救いになるような景色が、少しは残っていやしないか」と。目の前にはいまだ津波の水が残っている。電柱も折れたまま、瓦礫のうえに横倒しになったままだ。潰れた車の助手席には、ポップ歌手、宇多田ヒカルのCDが置かれてたままになっていた。仙台で被災した息子が言った。

お父さん、景色そのものが無くなってしまうなんて、まだ信じられないよ。

あのときの私は、自分の想像力を絶するような現実があるということを受け入れられないままに、言葉の尽きた世界に身を置いていた。それだけではない。言葉が欠けると同時に、沈黙もまた姿を消していた。存在でも不在でもない、何もかもが一切存在しない〝非在の世界〟とでもいうべきであろうか。いや、世界という「まとまり」や「容器」そのものが壊れてしまったのである。

★1-3　仙台空港付近で息子と〔2011.4.28〕

震災から六年経った二〇一七年夏、仙台の大学での集中講義のことである。初日の自己紹介のときに多くの学生たちがこの授業に対する抱負として「理論を学びたい」と口々に語っていたのが印象的なクラスであった。

初日の長いコースが終わろうとするとき、ひとりの学生がおもむろに手を挙げた――『大川小学校にボランティアで通ってます。遺族の方が校庭を指してこう言われたんです。「子供たちがいまもここで遊んでいるのが見えますか？」って。気が動転してしまって、いまだ答えられないままなんです』。大川小学校は生徒七四人（死亡七〇人／行方不明四人）、教師一〇人が犠牲になった。生き残ったのは生徒も教師もそれぞれ、たった一人である。この悲劇の責任究明の裁判訴訟の途中であったこともあり、息の詰まるような被災地の現場であった。

しばしの沈黙。そのとき、ゲストに招いた仙台在住の山形孝夫先生が『見えないものを語るのが、宗教学という学問なんだよ』と答えた。

大川小学校のある釜屋地区に隣接する、長面《ながつら》地区の話。

北上川《きたかみ》を逆流した津波は、河口にあるこの長面地区をまず呑み込み、そこから遡上して大川小学校を背後から襲ったのだ。海に近いだけに、長面地区の受けた損傷は、地域全体の規模としては釜屋地区よりも厳しいものがあった。

震災から程ない二〇一二年にテレビ番組では、激しい地震によって地盤沈下を起こした長面地区が何度も津波に浸食されて、地区全体が水没していった様が映し出されている。[*1-12] 山に逃げ込む瞬間、何度も津波を頭からかぶった生存者の証言。手を差し伸ばした瞬間、津波にさらわれていった妻の、『助けて!』と叫ぶ声。焚火をして二日間救助を待つなか、朝になったら寒さでこと切れていた老人の姿。『助けてー』と、暗闇のなかから姿なき声が届く、山中の避難場所。翌日の墓場に散乱していた一〇人あまりの遺体、それを一緒に集めて合掌する村人。——そう、「見えないもの」というヴェールの下には、こうした生から死へと呑み込まれていった人びとの確かな苦しみの軌跡がある。

*1-12　NHK東日本大震災プロジェクト〈宮城県石巻市——北上川を遡った大津波〉《証言記録 東日本大震災 第5回》NHK出版(DVD), 2012年.

津波は、簡単には死の世界に運ばない。犠牲者は寄せては返す津波の威力のもとで、長い時間かけて抵抗する体力を奪われて、最後に水底に沈んでいく。長い長い苦しみの生存の時間。それが、翻訳不可能な「沈黙の世界」の内実。

それは言葉を奪われた人びとの世界。でもけっして、生きて言葉を発していなかったわけではない。届かなかった言葉、届いてもどうしても上げられなかった言葉。それは生存者の心のなかに、澱のように沈んでいる。

だから、見えないものを語る必要がある。目を凝らせば、耳を傾ければ、姿を現すもの、聞こえてくるものがある。けっして空洞でも無でもない「沈黙」の世界。

だから山形孝夫は、それに形を与えてあげなさいと言うのだ。

聞こえてくる声、見えてくる光景に耳をふさいだり目を閉じたりしてはいけないんではないでしょうか。

先生は学生に優しく、そう答えた。学生は泣きじゃくりながら、こう返事をした――『本当はわたしにも見えていたんですね。でも、それが苦しくて、苦しくて。見えないことにしようとしていたんですね』と。教室のあちこちから嗚咽が漏れていた。ここでは、言葉とは見えないものに形を与える役割を有するものであった。かれらは理論という言語化行為を通して、自分が見てきた過酷な現実が抱えきれなくなり、その経験に形を与えて可視化させずにはいられなくなっていたのである。

次に、発言を求めて手を挙げた大学院生がいた。彼女は海外に調査に行っていて、直後に日本に戻ってきたのである。そのため、おなじ研究室の仲間が大なり小なり震災でダメージを被ったなか、自分だけがそれを免れてしまったと、ずっと苦しんでいた。『ごめんなさい、ごめんなさい』と繰り返しつぶやいていた。なにも傷を負わないことじたいが、ここでは許されない罪だと思えてしまう。誰が強いていたわけでもないのに、そうした空間にならざるを得ない場になってしまうのであった。

すでに震災から五年以上が経っていた。京都からたまに東北を訪れるに過ぎない私は、かれらが教室でこれまでもそれぞれの体験を語り合い、共有した基盤をもっていたと信じ込んでいた。しかし、あの経験はそんな単純で柔なものではなかった。被災地の只中にある大学だから、同じ研究室やクラスのなかで、誰かが家族が亡くし、誰かが家を無くしているかもしれない。お互いに相手を傷つけてしまうのが怖くて、震災のことを聞けなかったのだという。震災でダメージを受けて金銭的に逼迫し、突然、学校に出て来られなくなった学生も少なくなかった。

五年経っても言葉に出来ない経験に、かれらは疲れていた。被災した者はその被災の経験に苦しみ、被害の小さかった者は、小さかったがゆえに罪意識に苦しんでいた。誰ひとりとして教室でそうした話を切り出すことができないままの五年間であった。

そう、かれらは沈黙に呑みこまれまいとして苦しんできた。だから、自分たちを包み込んでいる状況を言葉に表したいと願ったのであろう。被災地に関わった人間は、自分が被災したのではなくとも、被災した人たちを目の当たりにするなかで、自分のなかに抱えきれない闇を抱え込み、どうしてよいのかわからず、もがき苦しむ。だからこそ理論の力をとおして、見えないものを言葉によって形に表わしたかったのである。そのとき、かれらがなぜ口々に理論を学びたいと言ったのか、了解できたような気がした。

その後、被災地では七年経ったあたりから、「幽霊譚」がほとんど噂されないようになったと言われる。しかし、本当に幽霊はいなくなったのであろうか。

『お客さん、あなたがそう信じたいだけなんじゃないのかい』——タクシーの運転手が、ぼそっとつぶやいた。そう、私たちが幻覚に、自分がそう信じたいと思っている幻想に、しがみついているだけなのではないだろうか。だとすれば、追い払われた幽霊たちはどこへ行ったのだろう？　成仏したとでもいうのだろうか。


私は石巻《いしのまき》市南浜のみやぎ東日本大震災津波伝承館と、それをとりまくように広がる石巻南浜津波復興祈念公園を幾度か訪れた。後者は、岩手県の高田松原津波復興祈念公園、および双葉町《ふたばまち》から浪江町《なみえまち》にまたがる福島県復興祈念公園とともに、東北国営公園事務所の国営追悼・祈念施設の一環として建てられたものである。
あの晩、瓦礫に囲まれた日和山、辺り一帯で唯一の避難場所は、六〇〇人の住民に加えて三〇〇人の避難者、計九〇〇人がその高台の上に溢れかえっていた。瓦礫に挟まって身動きできなくなった人たちが、次つぎに、生きたまま焼き殺される。『いや！　助けて』という言葉が、次第に『いやーっ』という悲鳴に変わる。さいごには『あーっ』という声だけが方々から聞こえてくる。高台の際に家のある一人の男性は、そこから避難することなく、手を合わせた。『申し分けございません。許してください』と、つぶやき続けていたのである。

助けることができないのなら、せめてその方たちの最後の声を聴き続けようと思ったのです。私は火の中に身を捨てて飛び込むことはできない。だからといって、そこから逃げて行って、焼かれながら死んでいかれた方たちの苦しみを無かったことにするなど、私にはできませんでした。そうならば、せめてその方たちの声を心に刻みながら、申し訳ありませんと謝り続けようと決めました。それが私にできる精一杯のことでした。

翌日には火が鎮まる。焼け跡からは、五五人の焼死体が発見されたという。

案内人による説明がおこなわれている館内から離れ、ひとり私は「祈りの広場」に立つ。どんよりとした曇りの空の下、鳥のさえずり。ときおり行き交う車のエンジン音。いまだかすかに漂う、あの日燃えた樹木の焼けただれた匂い。広大な公園の只中にぽつんと立つ。★1-4

言葉のない祈り。私もまた「沈黙」の世界に包まれていた。沈黙とは単なる無音ではない、さまざまな声や音の混じりあった異種混淆的な存在の世界であることに、ようやく気づきつつあった。

★1-4　門脇地区の焼けただれた樹〔2021.11.18〕

第二幕

南相馬

死者論——謎めいた他者

MINAMI SOUMA

この震災で甚大な打撃を被り、多くの命を落とした地域は、東北全般ではなかった。海から離れては生きていけない三陸リアス式海岸の漁民たちを中心とする地域、そして福島県浜通り〔本書iii頁〕の海岸部であった。

かれらは日頃の生業だけでは、農閑期にあたる冬の時期を越せないために、男の働き手は東京などへ出稼ぎにゆかなければならなかった。毎年、冬の季節は、家族と離れて暮らすほかなかったのである。それが原発が出来ることで、地元で働くことができる。何よりありがたかった。

双葉町町長の井戸川克隆氏も、かつて原発マネーで潤った自分の町をこう振り返っている。*2-1

いい思いもしているんですよ。一〇〇〇円の日当しかないときに東電関係で三〇〇〇円が出たら、素晴らしい職場じゃないですか。これ、東京単価っていうんですよ。出稼ぎしてもそのくらい貰えたかどうかわからない。出稼ぎはつまり世帯分離だから経費もかかりますよね。

*2-1　舩橋淳『双葉から遠く離れて――避難所から見た原発と日本社会』岩波書店, 2012年, 184頁.

多大なる交付金で公共施設が出来、スーパーマーケットが出来、人びとの生活は物質的には格段に豊かになった。家族の団欒も守ることができた。一見、良いことずくめの暮らしが、いかに高い危険性の上に成り立った脆いものであったのか。そしてこのリスクは、誰に背負わせようとするものであったのか。

被爆の現実にどのように向き合うか。それは戦後日本社会に一貫する主題であった。その歴史を内国植民地[2-1] *inner colonialisum* の問題と考えるのか、高度経済成長の歴史とするのかで、まさに日本社会にとっての近代という時代の価値評価が問われている。

東海村の近辺に育ってきた私もまた、あまりの無知ゆえの少年時代の楽天さであったといわなければならない。福島の、いや原発の置かれた地域の豊かさとは、電気を使用する都会の人びとがリスクを背負わなくてよいための、死という代価であったことを、かれらはこの震災で知らされたわけだ。

❖2-1　北海道や沖縄の歴史的な問題に端を発して「内国植民地」論はいまだ盛んである。そこでは、地域・民族支配を含む従属と差別の問題や、外国植民地拡大との関連などが取り上げられる。

六ケ所村

原発街道

　同様の場所が青森県にもある。太宰治の生まれた津軽半島の反対側にあたる下北半島に位置する六ケ所村の、原発の使用済み核燃料からプルトニウムなどを取り出す再処理工場である。六ケ所村は、川倉地蔵尊と並ぶ青森の霊場、恐山のふもとにある。★2-1 かつてこの地には「原始と原子」というキャンペーンがおこなわれたこともあるという＊2-1。「原始」とは恐山、「原子」とは陸奥湾にドック入りする原子力船むつを示す言葉であった。

　たしかに恐山と原発関連施設は、死への恐れを体現するものとして共通している。恐山はすべからく人間の死への恐れ、六ケ所村は被爆への恐れ。そして、他人からの無関心への恐れ。「下北半島が、福島が、被ばくしても私たちには関係ない」という日本社会全体からの無関心。

　私はふたたび、沢田研二が映画で演じた《太陽を盗んだ男》を思い起こす〔本書二頁〕。こ

★2-1　ドキュメンタリー：六ヶ所村ラプソディー(鎌仲ひとみ監督)

＊2-1　舩橋淳『双葉から遠く離れて —— 避難所から見た原発と日本社会』岩波書店, 2012年, 184頁.

の映画の最後に、孤独に絶望した彼は原爆で東京を、自分もろとも爆破する。多くの抑圧された人びとの鬱屈、悲しみ、そして犠牲を呑み込んだ大都市、東京。

《太陽を盗んだ男》が恐れた孤独、他人からの無関心。無関心なのに、自分のために共感を装う学者たち。その無関心が原発政策を存続可能にさせ、徐々に再活動を可能にする。

さて、二〇一七年の仙台の大学で震災論の集中講義をおこなったときのことに話を戻そう。

石巻の大川小学校を訪れた学生と山形孝夫先生との対話から〔本書三九頁〕、「見えないものを語るのが宗教学という学問」という考え方が導き出された、その翌日のことである。心のなかに溜まったものを少しだけでも吐き出せたような気がしたのだろう。みんな少し笑顔になって教室にやって来た。

しかし、クラスのなかにひとりだけ、笑わない学生がいた。その学生の出身地は南相馬市小高地区。★2-2 福島第一原発の放射能被害に遭った町、なかでも小高地区は三月一一日の第一原発が水素爆発した際に、原発から二〇キロメートル圏内として避難指示のあった警戒地域で、二〇一二年から帰還困難地域に再編された。

彼女の第一声は、『みなさんのことがうらやましいです。……泣けるから』。この彼女の言葉が、どういう意味なのか、最初は私にはわからなかった。彼女は淡々と自分たち家族の置かれてきた状況を述べた。自分は、震災から南相馬小高地区の自宅に一度も戻っていない。福島市、郡山市と、家族とともに家を転々としてた。自分はたまたま仙台の大学に受かったから、いま、仙台に安定して住めるけれど、両親はいまでもずっと転々とし続けている。

うちの村の人は泣けないんです。表情がないんです。だって、いつ村に帰れるか。家族もいない。泣けることがうらやましいです。

★2-2　小高地区の放置された家屋〔2013.8〕

この言葉は、クラスメートに対する皮肉でも何でもない。彼女の実感を偽ることなく述べたまでなのだ。彼女は私に尋ねた――『先生は「傾聴が大切だ」とおっしゃいますよね。でも、わたしの故郷には、人がいないんです。故郷の仲間はみんな各地に散らばってしまって、誰にも会えないんです。どうやったら、その声が聞けますか。教えてください』。たしかに、こうした誰もいない声のしない地域で、誰の声をどのように聞いたらよいのだろうか？　私もまた口をつぐまざるを得なかった。当然のことながら、微笑みかけていたクラスの雰囲気はふたたび大きく変わっていった。

集中講義に出席していた宗教学科の学生たちは、家族のように仲のよい、朝から晩まで一緒に研究室にいる仲間たちであった。しかし、そんなに仲がよくても、震災から何年経っても、お互いの心の問題に触れることはできなかったのだ。それだけ心の闇は深く、その「暗部」に触れることを互いに恐れていたのである。人間という存在の核心をなす〝孤独 *solitude*〟[❖2-2]という根源的状況[*2-2]が照らし出された瞬間だったと言えるのかもしれない。

見事に復興した仙台の街では、昼間は多くの人がショッピングを楽しみ、夜はイルミ

❖2-2　ハンナ-アーレントが集団のなかでの「孤立lonliness」に対比させて、人間という存在のもつ根源的な共約不可能性（わかりあえなさ）を指摘した言葉。

＊2-2　ハンナ・アーレント『全体主義の起源』(1951年) 新版第3巻〔大久保和郎・大島かおり訳〕みすず書房, 2017年, 318-324頁.

ネーションが煌めくなか恋人たちが愛を語らっていた。しかし、その心のなかには、いまだ言葉にすることのできない「暗闇」が尽きることなく広がっているのを、見た思いであった。震災二週間後に見た仙台の街の光景を息子が語ってくれたことを思い出した。

もう二週間後には、街の中心部には電気が復旧し始めていたんだよね。ぼくは津波を堰き止めたと言われる東部道路を走っていたけれど、荒浜地区などの海側は依然として真っ暗なのに、仙台の街側は暗闇のなかに不夜城のような白光が灯っている街側は別世界のようだった。

海岸の松原林を越えて九mの津波に襲われた仙台市荒浜地区では、その当日だけで一八六人の住民の命が失われた。三月一一日の夕方、テレビやラジオで「二、三〇〇人の遺体が流れ着いた」との報道を耳にしたときの驚きは、いまも忘れられない。三二〇人の避難者の命を救った荒浜小学校の校舎を除けば、幾度ともなく押し寄せた津波は、あたり一面、一〇㎞先の東部道路まで濁流、黒い波に呑み込んでいった。★2-3

『じいちゃーん』校舎の屋上から、濁流に呑まれた自宅に残された祖父を思って叫んだ

★2-3　荒浜に建てられた慰霊碑〔2012.8〕

子供の叫び。

　家に残された障碍者の父と助けに行って、家の二階ごと一㎞ほど流された看護師の女性の話。近隣同士の助け合い意識が強い地区だったから、家族や知人を助けに行って多くの人たちが命を失ったという。


　そこには、無力に津波に呑み込まれていったという理解では収まらない、なんとかして「生き延びよう」とする人間の抗いの歴史が秘されている。まさに生と死は、一瞬の、紙一重の境界であった。〝闇〟とは単なる沈黙ではない。多くの歴史と感情を含み込んだ複合体なのである。幾重にも物語が、感情が、重なり合うがゆえに、真っ暗に見えているだけなのだ。

　現場を歩けば多くの光景を目にすることができる。多くの体験を知ることができる。しかし、それを聴く者、見る者をも暗闇のなかへと引き込む危険をはらむ。そうした現地の体験は、光と闇のコントラストを生み出す言葉によって形を与えて、被災地の外にいる多くの人たちに共有されていく必要がある。

南相馬から来た学生は、『先生、わたし大学院に行こうと思う』と、別れ際にニコっと笑って言った。自分もまた、見えないものに形を与えてゆきたい。見えない感情に――自分の感情に、村の人の感情に――形を与えてあげたい。そして、震災以来止まってしまった時間に込められた思いに形を与えたい。そのために、自分はいっぱい勉強するんだ、と。私も、彼女の言葉に耳を傾けながら、心の底から湧き出る思いを形にして、他人と共に生きようとする、それが何よりも、学問を支える動機なのだと思い始めていた。

不十分な理論は過酷な現実の前に敗北していくことであろう。ある宗教社会学者が新聞記事で語ったような、「オウム真理教事件で宗教は叩かれたけれど、東日本大震災以降、宗教の善い面が改めて認識された」といった程度の評価づけでは、なぜオウム真理教事件で宗教という名のもとに幾人ものの人が殺されたのかは、解き明かされることはないだろう。人間の心はもっと複雑怪奇なものであって、闇と光の入り混じったものである。光による闇の一掃ではなく、光と闇のコントラストのあり方こそが問われるべきなのだ。

心の復興はいまだ成し遂げられていない。偽りの「真実」を語る多くの者たちが来ては去っていく。だからこそ、卓越した理論が、その意味での言葉が、混沌とした現実と向き合い、そこから意味を汲みだしていくために、求められる。

キリスト教で言う「受難*compassion*」——苦しみを共にすること——という言葉が思い浮かぶ。私たちが被災者から学ぼうとしないかぎり、彼らの声に耳を傾けないかぎり、かれらは救われることはない。同様に私たちもまた、かれらを見捨てた罪悪感に呑み込まれていくのだ。

南相馬

沢田研二コンサート

二〇二〇年一月二〇日、大阪府枚方市は樟葉のカルチャーセンターで、私は〈二〇〇〇年代の沢田研二論〉と題して話した。講演は二部構成からなり、小さい会場ながら、教室いっぱいにジュリー・ファンが参加してくれていた。第一部の〈還暦とタイガース再結成〉では、オリジナル・メンバー五人が和解にいたる歴史を描いたのだが、その話の途中、教室のやや前のほうで、あふれる涙をハンカチで押さえようとしている年配の女性の姿が目に付いた。

休憩時間に、彼女は演台の私のところへ来て『わたし、先生の息子さんと同じ盛岡から来たんです。これまでのつらかったことを思い出しちゃって』と話してくれた。そう、仙台で被災した私の息子は、拙著『死者のざわめき』の刊行を見届けるかのように、仕事の都合で盛岡に引っ越した。その盛岡から彼女は来た、と私に親しみをもって語ってくれた。しかし、短い休憩時間ではきちんとした応対をすることができず、海岸部ではない盛岡は津波の被害はなかったはずだよなぁ、といった漠とした感慨のもとに、素っ気ない対応で済ませてしまった。

次いで第二部〈東日本大震災と歌手としての覚悟〉が始まった。二〇一一年のミニCD《三月八日の雲》を発表して以来、毎年一枚ずつ震災に関する作品を発表してきた、ジュリーの楽曲の歴史をたどることで、彼の被災地への思い、ひいては表現者としての覚悟のほどを窺い知ろうという主題であった。この講演で紹介したかったのは、早くに亡くした友に捧げたバラード〈そっとくちづけを〉だった。「神様お願い　あの人をかえしてよ　輝く夜空に心を込めて詩う」と、ジュリーは歌い出す。

歌うからどうぞ叶えてよ　夢だよね離さないで
あの人を抱いて眠りたい　まだぼくの腕にぬくもりがある……
流れ星ぼくの頬つたう　君の愛したすべては
ぼくの心に生き続ける 果てしない時空を越え
言葉だけでなく君を忘れない
ぼくの命だから　君は命なんだ

この楽曲がかかると、先ほどの女性がふたたび泣き始めた。それから、一時間以上、最後までずっと、タオルで顔を覆ったままだった。この時に至って私もようやく、彼女のただならぬ気配を察知したのであった。

講演が終わる。その日は、タイガースの再結成を記念して刊行された拙著[*2-3]のサイン会でもあった。ジュリーやタイガースのファンが差し出してくれた本、私はそこにサインをしていった。約四〇分、サイン会は続いた。そのあいだ彼女は、友人であろうか、もう一人の女性と一緒にずっと待っていてくれた。

『すこし、お話しさせていただいてよろしいですか』――そう言って彼女は、人気のなくなった教室で静かに語り始めた。

彼女がもともと住んでいたのは、岩手県海岸部の漁村、宮古市田老《たろう》地区。田老地区は一〇mの、日本一の高さの防波堤でつとに知られた。しかし、信じがたいことに、二〇一一年の三月一一日、その高さを乗り越えて、津波が田老の集落を襲った。この防波堤ならぜったい安心……そう信じていたがゆえに、不意を衝いた津波に多くの住民が呑み込まれていった。地区の人口四四三四人のうち、二〇〇人近い死者および行方不明者が出たとされる。

彼女の夫と父は、そんな田老での震災関連死。彼女自身も含め、三人とも何とか生き

＊2-3　磯前順一『ザ・タイガース――世界は僕らを待っていた』集英社新書, 2013.

残ったものの、中学教員であった夫は、震災死の責任問題に苦しむ立場ゆえに過労死。宮古、階上、盛岡と、彼女とともに転じていった老父は、疲労が重なってか、避難先で事故死。彼女自身も、盛岡で避難生活をしていたが、相次ぐ家族の死に、ひとり、見知らぬ土地に取り残される。

みなさん親切なんですよ。でもね、わたしは盛岡で自分の被災の話をしたことはない。盛岡は山側にある盆地。地震の被害はあったけれど、津波で亡くなった人はいない。周りの人たちと何気ない話をしているかぎり、震災の話など誰の口にも上らない。「あぁ……みんな忘れたいんだなぁ」と感じてしまう。「しょせん、あの出来事は他人事だったんだなぁ」と思ってしまうんです。

同じ東北地方でも、福島と宮城や岩手の被災経験が異なるように、同じ岩手県でも山側にある盛岡と、海側の田老では人びとの震災経験も、その後の記憶のあり方もまったく異なっていたのだ。そのあと、彼女は本心を口にする。

先生、本当はわたしね、今晩、ホテルの部屋で主人と父親のところに逝くつもりでした。震災のあの日から、自分だけ生き残ってしまって、申し訳ない気持ばかり。そんな気持を聞いてくれる相手もいない。ここまで踏ん張ってきたけれど、「もういいかな……限界かな」って。

ふたたび、大粒の涙が彼女の頬をつたった。カルチャーセンターの担当者も身動きひとつできなかった。そこには〝言葉のない世界〟が広がっていた。真っ暗な「闇」のような世界。そこから、少しずつ彼女が言葉を語り出す。

じつは前日、東京の八王子で沢田研二のコンサートを観てきたという。大好きなジュリーのコンサート。彼がそこで歌ったのが〈そっとくちづけを〉。滅多には歌わない、本人にとっても大切な作品であった。その翌日、私のジュリー論を聞きに大阪までやって来てくれたという。

ジュリーがまだタイガースのメンバーだった、彼女の少女時代。楽しかったたくさんの思い出。それがこんな結末になるなんて……。これで「この世とお別れ」と心に決めていた。

あまりに涙が止まらない様子に心配になった、隣席の女性が声をかけてくれた、という。話してみると、彼女もまた阪神・淡路大震災の被災者であった。思い切って、休憩時間に講演者である私に話しかけることにしたのだそうだ。そして、第二部の震災とジュリーの話。私が紹介した楽曲は、ここでも〈そっとくちづけを〉。滅多にかからない曲に二日続けて触れるなんて、と驚く。

目を閉じているからそおっと　くちづけをしてほしいよ
紫の羽をした蝶に　姿を変えても君だとわかる
ぼくは夜の森に咲く花　限りなく君を待つよ
何度でも生まれ変わるんだ　もう一度抱きしめるまで

〝言葉にならない言葉〟で、彼女は懸命に語ろうとする。

昨日と今日、ジュリーの歌を聴いて……「わたしがこの世から消えたら、父も夫も、もう一回、この世から消えちゃうんだなぁ」って……。「わたしが父と夫をもう一回、殺しちゃうんだなぁ」って……それはできない。「どんなにつらくても、わたしにはそれはできない」って。

彼女がこの世から消えたとき、亡き父と夫に二度目の死が訪れることになる。だから、彼女はこの世界を生き延びなければならない。そんなふうにジュリーが自分に歌いかけているような気がしたそうだ。

そこで彼女はようやく、ひと息ついた。そして笑顔で言った——『今日はこれから、わたしの新しいお友達と二人で、夕食に行こうと思うんです。神戸の友達がせっかく出来たんですもの。そして明日、元気に盛岡に帰ります』と。

一年後ふたたび、大阪でジュリーの話をする私の講演に、彼女は盛岡から来てくれた。口紅を塗って、身なりを整えた彼女は、前回よりもずいぶん若返って見えた。震災十年で失った時間を、取り戻したのであろう。止まっていた心の時計が動き出したのかもしれない。

時に、表現行為が人命を救うこともある。沢田研二のパフォーマンスを通して、そんなことが本当に起こり得るものなのだと実感した出来事であった。

ジュリーの〈そっとくちづけを〉を初めて耳にしたのは、二〇一四年一〇月八日、南相馬でのコンサート《LIVE2014 三年想いよ》〔本書一九四頁〕でのことだった。

南相馬は、被災直後に市長がYouTubeで自分たちの窮状を訴えたことで一躍、世界に名前が知られるようになった地域でもある。[*2-4] 南相馬における津波による被害は、岩手や宮城の沿岸部同様に酷いものだった。海岸沿いの住宅地だった地帯は、いまでは海から五〇〇m以上内陸部まで、更地になっている。田畑のなかには瓦礫と消波ブロックと船。電柱はすべて流され、電線でつながっていて引っ張られた鉄塔は真ん中から折れていた。しかし、その惨状とは別に、原発事故の影響は徐々に深まり、事態を混乱させていった。

*2-4　桜井勝延・開沼博『闘う市長――被災地から見えたこの国の真実』徳間書店, 2012, 第1章.

あの日、南相馬を襲った津波の高さは一九ｍ。海岸の松原の上を行く高さだったという。黒い海の波の壁は三〇ヵ所の集落を襲い、三㎞の深さまで内陸部を侵食していった。そこに三月一二日の福島第一原発の爆発。第一原発から二〇㎞圏内の小高地区の人びとは避難を余儀なくされた。

沢田研二のコンサートが開かれた原地区もまた、その北隣の地区として、原発から三〇㎞圏内にあった。そのため、しばらくのあいだ、福島第一原発の爆発によって屋内退避地区として、外部の物流から遮断された孤立状態に置かれていた。小沢地区は小高地区とともに地盤沈下と冠水で街全体が水に浸っていた。二〇一三年に私が訪れたときにも、放置された田んぼのなかに津波で潰された自家用車やトラクターが点在し、崩れたままの家も何軒も見られた。

居住困難地区や帰還困難地区になったままの状態では、地元での暮らしの見通しが立たないため、住民たちも家を修理したり、農地を整備するわけにもいかなかったのだ。沢田研二はそこから近いけれど辛うじて避難指定をうけていない、南相馬の中心部でコンサートを開いた。その点で、会場の南相馬市民文化会館「ゆめはっと」こそ、当時、他

地域の者が入れる限りでの被災地の只中にある場所であった。★2-4

仙台駅から同じ宮城県南端の相馬駅までの鉄道、常磐線は、当時はいまだ部分的にしか復旧していなかった。相馬駅~原ノ町駅のあいだのたった四駅、約一五分を往復するだけの常磐線は、ぽっかりと海に浮いた陸の孤島のようだった。そこから先の南相馬市小高地区は、放射能のため警戒地域に指定されていた。さらに南下すると、二〇一五年三月まで常磐自動車道も未開通であった浪江町《なみえまち》・双葉町《ふたばまち》・大熊町《おおくままち》・富岡町《とみおかまち》など第一原発周辺地域へと入る。いまでもその大半が居住困難な状態のままである。

鉄道の不通を補うように、常磐自動車道も開通を目指して、津波で破壊された場所の復旧作業がおこなわれていた。だから相馬市や南相馬市のホテルや旅館には、原発の関係者や復旧・復興事業の関係者が長期にわたって常宿として滞在しており、すべてがほぼ満室であった。これもまた東電マネーの地元還元の一環だと、当時、地元では考えられてもいた。東電がこの地域に引き起こした原発災害なのに、原発災害を契機に地元経済は東電への依存をいっそう深めていくことになる。

★2-4　コンサート当日「ゆめはっと」〔2014.10.8〕

これが、仙台の大学で出会った女子学生が『みなさんがうらやましいです。わたしの村の人たちには表情がないから』と淡々と語った、その故郷であった。いったい、どのようにしたら、この地域に元どおりのように住むことが可能になって、彼女を励ますことができるというのだろうか。

このツアーが始まる前、沢田さんは「本当に行っていいのか。震災をテーマにした歌を歌うのはたぶん迷惑だろう」と悩み続けていたという。しかし、当日の会場には地元のお年寄りの姿も多くみられた。正確なことはわからないが、南相馬市長をはじめ、地元の人たちがおそらく半数は占めていたのではないだろうか。意図的に帰還困難地域の付近で催したため、ジュリーの人気をもってしても、チケットは思ったようには売れず、地元の方に無料配布したという噂もちらほらあった。

しかし、それも含めて、「被災地の人たちの前で歌いたい」というジュリーの気持が通じた結果のように私には思えた。事実、ステージでジュリーは『あと何回〔引退するまでに〕南相馬に来られるでしょうか』と、その抱負を語っていた。バラードで立ち上がって踊り出す首都圏から来たファンも結構な数、見られた。だが、静謐な雰囲気の南相馬の会場のなかでは、日頃とは逆に、自分たちのほうが異様な印象を醸し出していたことは否めなかった。

オープニングから二曲目、軽快なロックナンバー〈彼女はデリケート〉で、ファンと掛け合いで、『タイミングずれている人がいる』と突っ込みを入れて笑いを誘う。すると、一転してその居ずまいを正した。そして――『ありがとうございます。わたしが沢田研二です。今日の日を心待ちにしてくださったみなさん、本当にありがとうございます。被災地のすべてに祈りを込めて歌います』。

結局、「大変ですね」「がんばってください」といった安直な言葉はジュリーの口からは一切、出てこなかった。被災地への思いを格別にメッセージとして言葉にすることもなかった。このツアーで回った他の会場と同じ数の曲目を同じ順番で歌ったにすぎない。しかし、普段と変わりのないセットのなかでこそ、ジュリーはしっかりと心を込めて歌ったのである。

日常的秩序のタガのはずれた被災地では、通り一遍の常識や安手の共感などは通用しない。ジュリーの歌唱力のように、自分の実力に裏打ちされた表現行為だけが、この例外状況に散在する人びとにはたらきかけ、心と心をつなぎ合わせていくのだ。ジュリーという希代の歌手もまた、そのためのアイコン＝象徴なのだ。会場の観客のみんなが沢田研二という歌手に感情を転移することで、沢田研二というシンボルを介して、心を重ね合わせていくことが可能になるのだ。沢田研二という象徴的存在がなければ、会場の気持がひとつになることは不可能である。

コンサートが終わり、興奮冷めやらぬ南相馬文化会館の外に出る。

皆既月食が終わりを告げようとしていた。当日、ジュリーもステージの上で『こうしているところじゃないですよ。皆既月食です』と、笑いを誘うかのように語った皆既月食も終わりを告げようとしていた。しかし、皆既月食に重ねるようにして、彼が南相馬の観客に感じ取っていた本音が、翌年に発表される。バラード曲〈泣きべそなブラッド・ムーン〉である。「優しさじゃ　違うから　心無い言葉には怒ろう」といった言葉に乗せて、長い歴史を通してずっと我慢してきた東北の人たちの、悲しみを見て取っていたのだ。

コンサートでも座ったまま行儀よく聞く習慣を守ってしまう東北の人たち。思ったことを率直に言葉にすることが許されなかった長い忍耐の歴史。その悲しさをジュリーは見て取ったのだと私は思う。死者の声に耳を傾けるだけでなく、傷ついた生者たちの想いを声にして、花束にして他の地域の人たちに伝えていく責務を、沢田研二という歌手はみずからの表現に引き受けたのである。

そして、それ以上に、いまもなお死者とともに生きる被災者の生活世界への思いがある。だからこそ、彼は被災地を含むツアーで〈そっとくちづけを〉を歌うことを選んだのであろう。

東北のコンサートでは、聞きたいと思ってくれてもお金がなくて会場にこられない人がいる。どうやって祈りを届けられるのか。歌声は聞こえないだろうが、祈りは届くと信じて僕は歌うしかできません。

新聞社のインタビューでこう語ったように、[*2-5] その歌声は鎮魂の祈りなのだ。彼は自分のファンだけに歌っているのでも、会場の被災した人たちにだけ歌っているわけでもない。ここに来ることのできなかったすべての被災者たちに、そしてあらゆる死者の魂に、歌いかけているのだ。彼の声は一人ひとりの観客の向こう側、そこにはいない不在の人たちに向けて発せられていた。

残された遺族にせよ、かれらの思いを漏れ聞く第三者にせよ、語り得ぬ「沈黙」を余儀なくされた死者や故郷と向き合い、その不在からどのような表現を立ち上げていくことができるのか。たしかに、沈黙という動かし難い事実の前では、あらゆる言葉は恥じ入るほかないだろう。

それでも人間がコミュニケーション行為で結ばれた社会的存在である以上、言葉や音

＊2-5 「沢田研二さんに会いに行く──『震災』『脱原発』への思い」『毎日新聞』2012年3月8日．

楽あるいは宗教といった表現行為をとおして、語り尽くせない現実だからこそ、それをすこしでも形にしていく試みが求められている。そこでは、沢田研二のような歌手、僧侶やイタコのような宗教者、学者あるいは芸術家といった、被災地の経験に新たな意味を付与する表現者の存在が注目される。

ずっと被災地を訪れている若い僧侶は、こう述べる。*2-6

> どれだけ忘れたいと思っても、それが忘れたいと思うような出来事であるほど、むしろ、そこに向けられる眼差しや、支えは必要なはずなのだ。忘れたいというその思いを受けとってもらえないでいるうちは、その思いはずっと「ひとりぼっち」のままなのではないか。……「忘れたい」といわれるその背後にある気持ちに、はたして、これまでどれだけかかわることができただろうか。せめて一瞬でも、その気持ちを受け取る誰かになれていたのなら、と思う。

歌手・僧侶・学者、いずれもアイコンだと思う。それは実体ではない虚構だ。イタコ

＊2-6　安部智海『ことばの向こうがわ――震災の影 仮設の声』法藏館，2017年，130-131頁――〔傍点は筆者〕

のような肉体を借りた虚構だ。

精神分析家は、決まった日時の分析室という特別の場でしか患者と会わないことで、彼自身の抱える日常的な問題を分析室に持ち込むこととなく、神仏に相当するようなアウラをまとうことに成功する。そこでこそ、問題を抱えた患者たちの信頼の感情を獲得することができるように……。被災地を訪れる人たちもまた、外部からの「まれびと」として日常を空洞化させるがゆえに、被災した人たちは、現実の人間では抱えきれない思いを安心して預けることができるのだ。

それを肯定的な意味での〝転移〟——「信頼」と呼ぶことも可能だろう。


「亡くなった家族や友人ともう一度話をしたい」という人たちは、いまも被災地には沢山いる。

深手を負った被災地のひとつ、岩手県大槌町《おおつちちょう》には「風の電話」というものが震災の年の四月に設けられている。電話線のつながっていない風の電話は、この世の住人ではない死者たちと会話を交わすための、生者の心のなかにある死者との回線とみなされている。

電話機の横にはノートが置かれ、遺族たちがそれぞれの想いを書くことができる。このノートは訪れた人なら、当事者でなくても、誰でも読むことが可能になっている。そこからは、生者と死者の対話に立ち会う「第三者」の存在が浮かび上がってくる。


生者と死者が直接向き合うと、大きな感情のエネルギーが放流される。

そこで生き残った者は励まされるだけでなく、その感情に呑み込まれてしまうこともある。時に、生きることを辛くする負のエネルギーに転じることもある。だからこそ、第三者の存在を介して、怒りや恨みの感情などを、穏やかな感情へと転換する回路が必要とされる。

そこにこそ、東日本大震災の経験が国内外の非当事者（と目されてきた人）たちへと共有されるべき理由がある。だから沢田研二は、コンサートの体験を「南相馬の空には　泣きべそなブラッド・ムーン……　一〇月八日の全部　花束にし　手渡したい　君にも　君にも」と歌う。被災地の外側で暮らす人びとにも、彼は歌いかけていたのである。

沢田研二というアイコンの問題は、フロイトのいう感情の「転移 *transference*」をめぐる議論へと、私たちを導く。転移とは、自分の心の感情の流れが他者に移ることをいう。それに応じた相手のエネルギーが、自分に向かうのを「逆転移 *counter-transference*」という。転移–逆転移は、肯定的な感情であるときもあるし、否定的な感情をとるときもある。愛憎半ばするというものである。うまく転移と逆転が交流すれば、人と人を結びつける信頼の感情になるし、逆になれば反発を誘う妬みの感情になる。

松川浦

忘れ去られた記憶

福島県南相馬市の北隣にある相馬市には、日本百景のひとつ「松川浦」という風光明媚な海辺がある。海中に大洲海岸という名で知られる長い砂州が伸びている。静岡県「三保の松原」のような景勝地を思い起こしていただけたらよいと思う。

その磯部地区が九mの津波に襲われた。相馬市全体で四五八人の死者と行方不明者が出ているが、なかでも約二〇〇〇人の住人がすむ磯部地区の死者が、その過半数の二五一人を占めた。隣の原釜・尾浜地区の二〇七人と併せて、四五八人。相馬市の死亡者のすべてを占めた。ひとつの集落で一〇人に一人以上の割合で亡くなったことになる。

街の復興を祈願して、道の駅を意識した「浜の駅 松川浦」を二〇二〇年一〇月に落成させた。海苔をはじめとする海の滋味に恵まれ、海の恵みが所狭しと並べられている。私たちは近海魚の海鮮丼で舌鼓を打つ。しかし外から訪れる観光客は少なく、『忘れ去られた被災地だよね』と地元の人たちは嘆いていた。

隣の原釜地区には〈相馬市伝承鎮魂祈念館〉。その隣には屋外の鎮魂碑。相馬市でなくなった人たち全員の名前が刻んである。祈念館に入ると、亡くなった四五八人の人たちの名前が一つひとつ木札に書いて並べてある。★2-5 まるで法事の会場のようだ。その前には献花台。横にはお地蔵さんが亡くなった人の数だけ、手のひら大の粘土でこねて作られ

★2-5　相馬市伝承鎮魂祈念館

ていた。一人ひとりその表情は異なっている。被災者に一人ひとり固有の歴史があるように。展示の趣旨は「犠牲者の鎮魂の場」「原風景の継承の場」、そして「市民・来訪者の交流の場」。地上一階の延べ床面積二〇〇㎡強の小さな建物だが、その分、職員たちの気持のこもった展示場となっている。

NHKの番組では、[*2-7] この漁師町を襲った津波が、自分の漁船をそっちのけにして避難活動を誘導していた消防団の息子を呑み込んでしまったこと。そのおかけで命を救われた両親が、息子のことを思い出すのがつらくて漁師を廃業してしまったこと。かろうじて漁船を沖まで操業して守ったものの、自宅に残してきた妻と母がやはり津波に呑み込まれてしまったこと、が報じられていた。

この地域の漁師さんたちは、船迎えと言って、家族一体になって、釣り上げた魚をいち早く分類して港にある市場のせりに出すのが、習わしだった。漁師自身が述べているように、「朝起きてまじめに働いてやっと生活できる」ほどの、つつましくも、家族とともに暮らすからこその、働き甲斐のある生活であった。その家族が欠けてしまったいま、汚染水による漁の自粛と相まって、その継続は困難になってしまったのである。かれら

＊2-7　NHK東日本大震災プロジェクト「あの日私は――福島県相馬市」『証言記録東日本大震災』NHK出版，2013年，495頁．

の意欲そのものが失われてしまったことが語られていた。
しかし、失われた被災地と呼ばれる松川浦での、このような悲劇はほとんど、その地域以外の人びとには知られることはない。その風化と相まって、人びとの記憶から消し去られがちな状況に置かれている。その結果、自分の家族を失った人びとだけが、その記憶とともに、日本社会あるいは地域社会のなかで取り残されたままになっている。

祈念館の職員の方に、最大の被害者を出した磯部地区に案内していただく。海抜〇m。南北五kmにわたる大洲海岸の砂州の上に固められた道路を、左右ともに海挟まれた私たちの車はひたすら走る。その日は二〇二二年三月一一日。犠牲者の家族であろう、老いた母が息子に手を取られて、慰霊碑の前で献花をする。磯部地区の犠牲者の多さゆえに、この地区だけで別途ひとつの鎮魂碑を建てたのだ。次の話は、東日本大震災の津波をこの磯部地区で経験した住民のものである。

あれ、これが津波だと思った瞬間、ドーンと。雷が落ちたようなものすごい音がしたんですよ。保安林から樹齢何百年っていう松林まで、すっかり根こそぎ流されて。それから、約六〇〇戸あった家も、ひとつ残らずバーッと流されちゃってね。……あと一分もあれば、［神社に続く階段でうずくまっていた二人も］上にたどり着いて助かったのにと残念で、それが頭から離れなくてね。

遺族と思われる親子は、敷地に引かれた砂利のあいだから生えてきた雑草を一つひとつ丁寧に抜いていった。そこでは、外から来た私は、仙台の神学者が述べるように「非－当事者」であった［本書三〇頁］。この震災では家族も財産も失っていないからだ。そこにおいて、もはや私がかれらに『大変でしたね』『つらかったですね』という言葉をかける接点は消失している。そもそも声をかけたところで、どんな会話を私は望むのだろうか。どうしようもなく、私たちは無力で傍観者であった。いや本質的に、無関心な傍観者としてしか存在し得ないと言うべきであろう。沢田研二がステージ上で寡黙に歌うという表現行為に専心したように、私たちはご遺族のそばで、少し身を後ろに置いた斜め横で、合掌するだけであった。まぶしいほどの青空が、寄せては返す波の音だけが聞こえる「沈黙」を包み込んでいた。

❧ ❧ ❧

松川浦は、別名、小松島。波に浸食された岩々のなかに、捨身[2-3]をおこなった者や死者の碑銘や刻まれ、お地蔵さまが思い思いに置かれていた。

それが津波で海中に漂い出し、現在では幾十体のお地蔵さまが救出されて、ひとつの洞窟にまとめて安置されている。ところどころ、岩などにぶつかった傷がある。まるで被災した現地の人たちの心そのもののようだ。私たちもまた黙って手を合わせる。たとえ、他地域の人たちに知られていなくても、死者たちは、その地域の祀り手たちの心のなかに、地蔵や死者の名前を書いた木札というアイコンを通して生きているのだ。

そこに来臨するものが神仏なのか、狐狸の類なのか、とんでもない悪霊なのかは、人間の側が判じたうえでなければわからない。だからかれらは〝謎めいた他者〟として、正

❖2-3　現世に生きる人間の欲深さから解放されるために、自身の生命を絶つ行為。補陀落渡海、焼身、投身などがある。

体の明らかでない存在として名づけられる。それが誰か捉え返し手によって名を与えられたときに、その謎は解き明かされる。謎めいた存在のヴェールは剥がされ、謎めいた他者は固定化された「大文字の他者」[❖2-4]に転じていく。

誰も祀り手のいない、かつては老人介護施設であったコンクリートの建物が、仙台市荒浜に、誰も訪れ人がないままに、ひっそりとたたずんでいる。

震災九年目の三月一一日、コロナ禍であるにもかかわらず、くだんの神学者の友人に案内されて訪れる。九年間経った後も、内部も放置されたまま、ベッドや食器や便器が散乱し、壁の配電盤が転がり落ちている。海辺の建物で身動きできない老人たちを抱えては、職員は逃げようもなかったことであろう。おじいちゃんの被っていた帽子が床に転がっている。身寄りのないお年寄りたちであったのであろうか。たぶん、津波によって一網打尽されたと思われる。壁のコンクリートがはがれ、鉄骨がむき出しになって曲がっている。

『ここ、九年前から基本的に手付かずのままなんだよね』と、友人が言う。周囲は土地

❖2-4　フランスの精神分析学者ジャック・ラカンの用語。人間の主体を成り立たせしめる非人称の眼差しを指す。神仏やファシズムの指導者、あるいは文化・伝統など。

のかさ上げ工事で、大型のダンプカーが行き交っている。ご家族も亡くなってしまったのか。職員のみならず、この施設を運営する団体そのものがなくなってしまったのだろうか。『誰も来ないんだよね。毎年そのまま、変わらない』と、案内してくれた友人はつぶやく。

呼びかけても返事のない沈黙の世界。日が暮れていくなか、私たちは建物のなかで、暗闇に包まれていった。何の役にも立たない私たち。仙台海岸部という、人びとが訪れやすい立地条件の被災地においてさえ、忘れ去られた施設。ここは、地元の人びとの記憶からも零れ落ちた沈黙の世界。もはや翻訳する言葉ももちえない「沈黙」の世界。常々、そうした人びととの日常の記憶から落ちこぼれた世界が、この世界に存在することを忘れてよいわけがないだろう。

しかし、それでも私たちはそうした「沈黙」の世界を忘却してしまう。そのことを肝に銘じておかなければならないのだ。

すこし長めの

［幕間］

秘密の小部屋——謎めいた他者の眼差のもとで

靖国神社

英霊と花嫁人形

青森県恐山《おそれざん》〔本書五〇頁〕には有名な地獄巡り✣Y-1やイタコによる死者の口寄せ✣Y-2だけでなく、花嫁・花婿人形の奉納もある。早逝した子供たちの死後での幸せを願って、その親たちがかれらが生きていれば成人した年齢を待って、結婚相手を人形で模して奉納する風習である。下北半島の恐山だけでなく、津軽半島の川倉地蔵尊など、他にも広がっていたと考えられる。

死者の死後の結婚を願う風習は死者冥婚と呼ばれるが、奉納されるものが人形に限らなければ、山形県黒鳥観音堂などのムカサリ絵馬など、山形県をはじめとする、東北地方ほぼ全域にさまざまなかたちを見ることができる。

早逝した親族の死後の幸せを願い、イタコを介して現世でも自分たち生き残った者と

✣Y-1　青森県むつ市に位置する霊場「恐山」は、宇曽利湖を中心とする八峰の総称。岩場から硫黄泉が湧出するなか、死者の成仏を願うのが「地獄巡り」のお参り。「無間地獄」「金堀り地獄」「賭博地獄」など136の地獄がある。

✣Y-2　死者の魂を我が身に降ろし、その言葉を伝える「口寄せ」。この能力をもつイタコは普段、津軽地方・南部地方を中心に営んでいて、恐山の大祭の時期に集まる。

の交流を願う、東北地方ならではの死者祭祀のありかたである「口寄せ」だが、残念なことに、大津波によって、老齢の域に達していたイタコたちの多くが亡くなってしまった。

ことほど左様に、死んだ家族と交流したい、ともに居たい、という思いは普遍的である。東日本大震災という、人間にとってはけっして納得することのできない不条理な別れもまた、「死者とともにありたい」「死後のかれらの幸福な生を少しでも信じていたい」という思いを強くしてきた。

しかし、誰が眼差すかによって、その〝謎めいた他者〟の正体によって、マナザされる主体の性格は変わってくる。自分の家族の亡くなった者であることもあれば、国家権力であることもある。注目すべきは、本来、家族による(早逝した自分の子供のための)

死者冥婚という習俗を、靖国神社でおこないたいという人が増えてきていることである。

最初に花嫁人形が奉納されたのは、一九八二年、息子が沖縄戦で戦死した遺族の例である。以降、この習俗の発祥地である津軽地方をはじめ、多くの遺族たちから「独身で亡くなった息子が淋しくないように」と奉納が続く。当初、靖国側はこうした民間信仰に対して、国家神道の英霊祭祀の主旨が歪曲されるとして、消極的だった。しかし、その申し出の多さに、附属博物館である遊就館で何体かの人形を交代で常設展示する方向に転じ、一九九九年には花嫁人形の特別展を開催する。

こうした靖国祭祀の変化を、東北の民間信仰が国家神道の内部に取り込まれ始めたとするのか、国家神道が東北の民間信仰に突き崩されていると見るべきか、現在のところ判断がつきかねる。靖国という国家に有用な英霊を祀る場であるがゆえに、川倉地蔵尊や恐山のような早世した子供や女の子の慰霊は、初めから想定されていない。

それでも、靖国神社の死者祭祀に東北地方の「死者婚」という民間信仰が浸透しつつある事態は、たとえ小さな動きに過ぎなくとも看過できない。

そこには、国家のまなざしによって、家族の死を社会的に有意義なものとして肯定してもらいたいという願いがある。もうひとつには、自分たちの親の世代が終わるなかで、死者の従兄弟や姪にとっては祀り続けることに困難さを感じることもあるだろう。国家が引き受けてくれることで、祭祀の主体を変えた永代供養になる意識もあるようにも感じられる。生者の側がどのような「他者の眼差し」を選ぶかということは、まなざされる主体のあり方を決定する以上、きわめて重要な選択行為となる。

今日ではほとんど議論されていないが、靖国神社は、当初、招魂社と呼ばれていたことから明かなように、招魂儀礼をその祭祀のひとつの柱に据えている。先の十五年戦争中に靖国で執行された夜半の招魂祭に列席した遺族の様子を、民俗学者の折口信夫は次のように叙述している。[*Y-1]

ほのぼのとした月の出近い明りに、空はもうしろじろとして居りましたけれど、地上はまだ暗い。其処に何万とも知れぬ人々が、非常に敬虔な、亦同時に深い懐かしいものの感じられる気持ちで居られる。……私どもの心持としては――、日本国民の心持ちとしますれば、此程嬉し

＊Y-1　折口信夫「招魂の御儀を拝して」〔1943年〕『折口信夫全集28』中央公論社, 1968年, 397-399頁.

くなくてはならぬ程、喜ばなければならぬ時は、ございません。……今こそ、人間として永久の別れでございます。……此の神々は永遠に生きながらへて行かれるけれども、私どもは此まま消えて行くのだ、という嬉しさと、同時に深い人生の思ひに触れて居られることだらうと思ひます。此こそ、国民として、魂の底に徹するやうな深い感激であると私は思ひます。

この静謐なる文章は、招魂祭が遺族の心に引き起す感情の渦――折口の言うところの「魂の底に徹するやうな深い感激」――を捉えている。その感情の渦とは、ひとつは招魂の場の集まった遺族仲間に対する郷愁にも似た親しさの感情であり、もうひとつは、戦死者である自分の肉親が人間から神へと転じていくその瞬間を目の当たりにすることの感激である。

儀礼と呼ばれる身体的行為は、強い情動的反応を引き起すものである。それは、自らの裡に湧き起こる何とも名づけ難い感情の渦に対して、人びとは何らかの説明を与え、意味の特定化をおこなおうと欲する。靖国の招魂斎庭とはまさしく、そのような遺族の整理のつかない感情をいま一度喚起する場所である。その〝哀しみ〟は自分たちだけでは引き受け難く重いため、しばしばネイションという共同体によって共有されることが求められる。折口が「深い懐かしいもの」と呼んだ遺族仲間に感じるノスタルジアは、悲哀をともに耐え忍んでいるという連帯から生じるものといえよう。

かれらはこのような儀礼を体験することで、死者に対する名づけ難い哀しみを靖国の提供するナショナルな語りの力を借りて、「護国の神」という明快なかたちへと転化させていく。今日の靖国をめぐる議論の多くが見落としている問題が、この招魂祭がもつ、人びとの奥深い感情を喚起しそこに介入していく儀礼的効力、感情を〝転移〟させる力なのである。

こうした「感情の収まり難さ」を鎮めていく過程を、ジークムント・フロイトは〈喪の行為〉と呼んだ。それは「心の中での悲哀の心理過程を通して、その対象とのかかわりを整理し、心の中でその対象像をやすらかで穏やかな存在として受け入れる」ことである。同時に「悲哀の心理の本質は、すでにその対象と再会することができない現実が成立してしまっているのに、対象に対する思慕の情が、依然としてつづくことにある」[*Y-2]以上、それは容易に片づけることのできない感情でもある。

たとえば、十五年戦争中に戦没者した兵士の母親は、次のような複雑な心情を吐露している。[*Y-3]

ほんたうになあ、もう子供は帰らんと思や淋しなつて仕方がないが、お国のために死んで、天子様に褒めて頂いとると思ふと、何もかも忘れるほど嬉しうて元気が出ます塩梅どすわいな。

そこには、自分の息子が戦死したことに対する遣り切れない気持と、国家のために死んだことに対する名誉な気持が、微妙なかたちで揺れながら共存していることが見てとれる。それが靖国神社に祀られることで、「お国のために死んで、天子様にほめていただいていとると思うと、何もかも忘れるほどうれしゅうて元気が出ます」という一面的なものへと、遺族の感情を固定化されていく。その意味で、靖国が招魂と慰霊の論理に支

＊Y-2　小此木啓吾『対象喪失——悲しむということ』中公新書, 1979年, 45/59頁.

＊Y-3　「母一人子一人の愛児を御国に捧げた」『主婦之友』23-6, 1939年, 105頁.

えられて遺族に提供する語りとは、哲学者の高橋哲哉が指摘するとおりであろう。[*Y-4]

靖国の論理は戦死を悲しむことを本質とするのではなく、その悲しみを正反対の喜びに転換させようとするものである。靖国の言説は、戦争の美化、顕彰のレトリックに満ちている。

そのメカニズムを荻本快は〝悲哀〟を論じた著作のなかで「〝喪の作業〟に障害が生じると、精神的成長や対人関係を妨げるものになり得ます」として、次のように解説している。[*Y-5]

近親者や大事な人が亡くなったことを受け入れることができないと、その人がいなくなったにも関わらず、エネルギー（リビドー）が個人に向かってしまいます。……すると自我は対象を取り込み、空想のなかでその人を「所有」しようとします。こうすることで、空想のなかで対象を愛し続けることができるからです。……この自己愛的同一化を続ける限りにおいて、対象を失ったことを意識しなくて済み、無意識的にその人との関係を続けることができるのです。

＊Y-4　高橋哲哉『靖国問題』ちくま新書，2005年，54頁．

＊Y-5　荻本快『哀しむことができない――社会と深層のダイナミックス』木立の文庫，2022年，43-44頁．

国家が祀るにせよ遺族が祀るにせよ、そのようなかたちで死者を「慰霊」してしまってよいのだろうか？　それは、死者が語りかけてくる声に耳を閉ざしていることにならないだろうか？　不本意な死を遂げた死者たちは、またここで、生者からの一方的な暴力に曝されているのではないのか？

慰霊とは「死者の悔恨が消えてなくなる」ことであり、いわゆる仏教でいう「成仏」することを意味するのだが、現実には、死者を弔うという行為は、生者の側からの死者への一方向的なはたらきかけでしかない。生きている者には、死者の魂が成仏したか否か、死の間際に救われて死んでいったか否か、など確証のしようがない。

どのような立場をとるのであれ、死者を祀るさいにまず受け留めなければならない出発点は、祀るというその行為がはらまざるを得ない、その〝翻訳不可能性〟にある。

生者が生者たり得るためには「死者」の存在が不可欠である。とすれば、死者の祭祀もまた、かれらを想起するために必要な行為となる。光と闇、言葉と沈黙の関係と呼び換えてもよいだろう。禁忌《タブー》がなければ共同体という存在そのものが立ちあがらない。禁忌とは、共同体を構成する起源であるにもかかわらず、無意識の忘却によってその存在を抹消されてしまった起源、ブラックホールのことである。

「無気味なものとは結局、古くから知られているもの・昔からなじんでいるものに還元されるところの、ある種の恐ろしいものなのである」[*Y-6]――とフロイトのいうような、親しさのなかにひそむ無気味さが、人間の共同体や心の闇にはそのままに放置されてきたのである。

その無気味さを戦死者の祭祀に持ち込んだのが、三島由紀夫による小説《英霊の声》[*Y-7]である。私たちはここに、生者に同化される死者という語りから一転して「生者を異化する死者」という語りを目の当たりにする。

折口の《招魂の御儀を拝して》[*Y-8]がアジア・太平洋戦争中に書かれたのに対して《英霊

*Y-6　S.フロイト「無気味なもの」〔1919年〕高橋義孝訳『フロイト著作集3』人文書院，1969年，328頁

*Y-7　三島由紀夫「英霊の声」〔1966年〕、『三島由紀夫全集 決定版20』新潮社，2002年，477-478頁

の声》は、戦後復興を遂げつつある時期に執筆された。この小説では「もはや戦後ではない」という声の充満する日本社会に対して、「われらは裏切られた者たちの霊だ」と名乗りを上げた英霊が、消費社会の享楽に浮かれた日本社会を撃つ。
舞台は靖国ではなく、市井の有志者がおこなう招魂儀式。憑依した霊が「かけましもあやにかしこき、すめらみことに伏して奏さく、今、四海必ずしも波穏やかならねど、日の本のやまとの国は……」と旋律を奏でるところから始まる。そして参列者の意表をつく、血の海と怨念の言葉を口にする。

この日本をめぐる海には、なお血が経めぐっている。かつて無数の若者の流した血が海の潮の核心をなしている。それを見たことがあるか。月夜の海上に、われらはありありと見る。徒に流された血がそのとき黒潮を血の色に変え、赤い潮は唸り、喚び、猛き獣のごとくこの小さい島国のまわりを彷徨し、悲しげに吼える姿を。……われらがその真の姿を顕現しようとした国体はすでに踏みにじられ、国体なき日本は、かしこに浮標のように心もとなげに浮んでいる。

＊Y-8　折口信夫，前掲書。

三島がここに現出させたのは、戦後の復興のなかで日々の悦楽を貪る生者の共同体にはけっして封じ込められない死者の荒ぶる魂である。

物語が進行していくなかで、英霊たちはみずからその正体を、二・二六事件の青年将校であり神風特攻隊の兵士であると告げる。かれらは戦後も一貫として戦没者の霊を祀る靖国神社に鎮座することを拒み、幾十年ものあいだ怨念とともに、血潮の海上に漂い続ける荒魂なのだ。

そこには、折口が描いたノスタルジアに満ち溢れた招魂祭とはまったく異質な、招魂という儀礼の危険性が明かされている。幽界から招き降ろされた死霊たちは、生者を護るのではない。生者に裏切られた悔恨がいまなお晴らされていないことを、累々述べていくのだ。かれらこそ、生者の共同体に回収されない死霊であり、その眼差しは、生者の安逸な日常に問いかけてくる——自分たちは犬死にだったのではないか、と。

水戸

哀しみをかみしめる

毎週土曜日の午後、私は茨城県水戸市の、とあるマッサージ室にいる。マッサージを身体に受けながら、その週に起きた出来事を施術者の先生に語るためである。マッサージというのは、互いの顔を向きあわせることなく、身体のみならずその心も相手に委ねる点で、精神分析によく似ているのではないだろうか〔本書一三四頁〕。被災地をはじめとする死者たちに対する罪悪感が消えない私の相手を務めてくださっている。

マッサージ先生との対話を通じて、いつも私が思うのは、死者を生者の思いのなかに封じ込めるのは容易ならざる作業である、ということだ。靖国や折口のように死霊を和魂として祀ろうとしても、そのような生者の思惑を覆す力が、死霊のなかには宿っている。小説とは異なり、現実にわれわれが「死霊の声」を確かなものとして直接、耳にすることはない。しかし、だからといって、死んでいった者の胸中を我々が勝手に一面的なものへと思い定めるのは、許されることではないだろう。

　私たちが死者の存在に思いを馳せようとするのならば、生き残った自分たちの負い目を和らげるためではなく、何よりも先に、死んでいったかれらの想像を絶する苦悩を想起する儀礼として、祭祀は執りおこなわればならない。「沈黙の死者」を前にして、今度は生者が言葉を失う番なのである。死者の悲しみに込められた哀しみを、生者は追体験不可能な哀しみとしてかみしめなければならない。その不可能さを徹底して味わうことだけが、生者がかれらと共有することのできる「不可能性としての哀しみ」なのだ。

　アジア・太平洋戦争で戦没した画学生たちの習作を展示した、信州の無言館の館主は、その美術館の名前の由来を次のように説明する。*Y-9

> 「無言」ということからいえば、むしろそれを強いられるのは戦没画学生たちの絵の前に佇むわれわれのほうといえるのかもしれない。彼らの静けさにみちた遺作群とむかいあうとき、……ただ「無言」のまま立ちすくむしかないのは今を生きるわれわれのほうなのである。

＊Y-9　窪島誠一郎『無言館ノオト——戦没画学生へのレクイエム』集英社新書, 2001, 169頁.

届かないものにはたらきかけることで、[Y-3]もはや一緒にいることのできない死者への想いを、痛みとともに思い出す。死者たちの〝無言〟は翻訳不可能なものとして、生き残った者たちの沈殿させてきた想いを撹拌する。死者だけではない。生者もまた、みずからの届かない思いの無念さを感じせしめられることになる。無言とは単なる「無声」の沈黙ではない。さまざまな者たちの多様な声を反響させる、異種混淆的な声なき声々の世界なのだ。

死者との対面を通して生者が、自身の秘められて抑圧されてきた〝闇の声〟に呑み込まれていくこともまた稀ではない。けっして届き得ない思いを繰り返し想起するために、「祭祀」という行為は存在する。死者は二度と会うことが叶わないがゆえに、不完全にしか想起することができない。そして祭祀主体である生者の共同体も、自足することができず、その内部に亀裂を抱えることになる。

死者たちは生者の欲望からすり抜け、生者を翻訳不可能な哀しみに追いやる。生き残った者たちは、姿なき姿、声なき声、正体のしれない〝謎めいた眼差し〟というかたちでしか、死者を想起することはできない。死者祭祀の完遂不可能性が、生者の祀る欲求

❖Y-3　共約不可能性（わかりあえなさ）がゆえに〔本書53頁〕、人は、手を伸ばそうとする――磯前順一ほか編『ポストコロニアル研究の遺産――翻訳不可能なものを翻訳する』人文書院，2022年，第1章．

を触発すると同時に、その願望を絶え間なく異化していく。それが、生者が感じることのできる悲哀なのだ。この感情は、死者との同一性という幻想のなかにではなく、「同一性と差異性の反復」過程の認識のなかにしか生じ得ない。

生者がこのずれゆく我－汝の一－二人称関係に自覚的であるならば、その密封された関係に亀裂が生じてくる。そのとき、かれらにとっては第三者に過ぎなかった他者が——銃後の戦災者や他国の被害者が——この一－二人称関係のはざまに身をねじ込ませる隙間も、発生し得るものとなる。死者たちは、かれらに負目を感じて一面的に犠牲視する生者の呪縛から解き放たれ、「被害者であると同時に加害者であったかもしれない」生身の存在として、その立場を回復する機会を手に入れる。

> 「死は生の対極にあるのではなく、我々の生のうちに潜んでいるのだ」たしかにそれは真実であった。我々は生きることによって同時に死を育んでいるのだ。しかしそれは我々が学ばなければならない真理の一部でしかなかった。直子の死が僕に教えたのはこういうことだった。どのような真理をもってしても愛するものをなくした哀しみを癒すことはできないのだ。どのよ

うな真理も、どのような誠実さも、どのような優しさも、その哀しみを癒すことはできないのだ。

村上春樹がここで述べているように[＊Y-10]、すでに失われたものは二度と回復できない。だから、そこから生じる〝悲哀〟の感情も癒すことは不可能である。しかし同時に村上は指摘する。生と死の境界は明快に語れるものではなく、互いに浸透しあってやまないものなのだ、と。その論理は、靖国の差し出す祭祀とは反対のものとなる。哀しみをかみしめるとき、「自分の思いは死者には届かない」という悲哀を味わう〝喪〟の行為が実践される。そこで初めて、哀しむ行為の回路が開かれる。哀しむという行為は、死者に対する生者側の共感が断念されるなかでしか生じ得ないものなのだ。それゆえ小此木は、喪の成立過程を次のように説明する。[＊Y-11]

さまざまな感情体験をくり返し、その悲しみと苦痛の心理過程を通して、はじめて対象喪失に対する断念と受容の心境に達することができる。それまでは、折に触れ、心がふと眼前のこと

＊Y-10　村上春樹『ノルウェイの森』〔1987年〕講談社文庫, 1991年, 227頁

＊Y-11　小此木啓吾, 前掲書, 48-49頁〔傍点は筆者〕

から離れると、とたんに激しい苦痛や、悲しみ、ときにはどうにもならない思慕の情や怒りがこみあげて、失った対象のことに心を奪われてしまう。……相手を失ってしまったという事実を、知的に認識することと、失った相手を心からあきらめ、情緒的にも断念できるようになることは、決して同じではない。

哀しむという感情は、「もう手が届かない」という〝不可能性〟の感情をかみしめたときに初めて生じ得る。私たちに出来ることといえば、悲哀の感情の前でただ立ち尽くすだけなのだ。「失った」という現実を認められないときには、その現実を否認した主体のほうが、対象の代わりに死ぬ。記紀のイザナキ・イザナミ神話でいうところの〈コトドワタシ〉[❖Y-3]である。

生者の世界が成り立つためには、死者の世界とのあいだに境界石を置く、あるいは境界線を引く、ことが求められる。その境界の片側に立つということは、まさに半身が引き裂かれる行為として痛みを伴うものなのだ。「私たちは誰でもこのような対象喪失の経験あるいは対象喪失の不安を通らないと大人になれないようにできている」と、小此木

❖Y-4　……イザナミが追いかけてきたので、イザナキは大きな岩で塞いだ。その岩を間に挟んで向かい合い、コトドを渡した。イザナミは『愛しい我が夫よ、私はあなたの国の人を一日に1000人、殺しましょう』と、イザナキは『愛しい我が妻よ、私は一日に1500の産屋を建てよう』と言った。

啓吾は指摘している。[*Y-12]

かたや、死者を生き残らせる幻想を存続させるためには、現実の否認をした生者の心が死ぬ。現実を受け入れるほど心が強くないとき、私たちは、自分の心身を狂わせるという代償を支払わされる。自分の全能感がいまだ保持された否認の段階では、現実を認めていないがゆえに、〝悲しむ〟という感情が生じ得ないからだ。

震災の二日後、三月十三日、気仙沼の光景。

「泣いている人は、一人もいません。みんな、このむごたらしい現実を、どう受け詰めればいいのか、混乱していたのだと思います」[*Y-13] あまりに現実が過酷であると、それは私たちの認識の容量を超えてしまい、感情が麻痺してしまう。それでも時間をかけて、人間は学んでいく。受け容れていくのだ――この世を生きる人間には、出来ることと出来ないことがあることを。

＊Y-12　小此木啓吾『精神分析ノート3――“私”との対面』日本教文社，1969年，43頁

＊Y-13　菅原文子『あなたへの恋文――津波に襲われた街で生きる妻から』PHP, 2013年，43頁.

大切な人の死は、遺された人の心に落ち、悲しみの波紋を広げながら遠ざかっていきますが、わたしは、その波紋を消したくありません。その人が大切ならば、その人を失った悲しみもまた大切なのです。

これは早くに夫と死別した作家、柳美里の言葉である。[*Y-14] そこに、悲しみとの付き合い方の秘訣がある。悲しみの感情を否定するのではなく、それをありのままに受け入れる。ただ、呑み込まれることはしない。死者の沈む海の湖面を、生き残った生者はじっくりと眺める。

それは、北国の防寒対策で発明された二重窓のようなものだ。極端に冷たい外気と、暖房で温められた部屋の内気が直接触れ合うと、そのあいだに挟まった一枚のガラスでは割れてしまう。それを防ぐために、あまりに温度の違う外気と内気が接触しないようにと、二枚の窓ガラスを使って、空気を挟み込むのである。その空気が、死者と交わった生者の感情。まずは温度差に動揺することなく、じっくりそこに湧き起こった感情を自

＊Y-14　柳美里『南相馬メドレー』第三文明社, 2020年, 225頁.

分たちで眺めて「対象化」することが可能になる。

前向きに生きることと、〝悲しみ〟の感情は相容れないものではない。幼児期の全能感が悲しみによって損なわれることは、人間にとって悪いことではない。それが、生きる姿勢を後ろ向きにするとは限らない。全能感が損なわれることで、私たちはこの有限な人生を冷静に、そして客観的に、ありのままの現実として受け入れるなかで、自分なりの工夫をもって生きていく姿勢を確立する。

問題は、その体験との距離のとり方にある。みずからの内に津波のように生起した感情に呑み込まれてしまうのか、それを対象化することができるのか。そのためにこそ、自分の力は現実には及びきれるものではないことを、諦念とともに受け入れなければならない。

被災地の死者祭祀は紙一重である。家族が亡くなったという現実が認められず、新たな出発を遂げることのできない者もいる。かれらにとって、肉親が自身のアイデンティティの一部であったため、その死によって、死者との関係性のみならず、自分自身が損なわれてしまう。しかし、死者祭祀をすることで、死者との関係を、それまでの現実での交わりから、この世とは異なる場所に設ける可能性も、また開かれる。そのとき、外側に流失していたリビドー❖Y-4は自己の内側に向かって逆流していく。このリビドーのためにこそ、〝悲しみ〟の感情が生じる理由がある。

そのとき人は、自分の思いが通じないことがこの世にはあることを改めて思い知らされたはずである。悲しみを忘れようにも、痛みから逃げようにも、どうにもない疼きが胸を離れない。しかし、現実の哀しさに耐えられず、無意識裡に自分の胸の痛みを否認してしまう弱さが、人間にはある。

みっともないおのれの自画像に耐え切れず、鏡に映った自分の姿をいまも否認し続ける、現代の日本社会の姿がまさしくその典型である。

❖Y-5　人間に生得的に備わっている、対象に向かって流れる力となる本能的エネルギー。

現在の日本社会はあの震災について、多数が亡くなったことを統計上は知っていても、まるで何もなかったかのように振る舞っている。多くの人が故郷を失うもとになった原発も順次、再開されだした。こうした言動を推し進める日本社会はやはり、東日本大震災が露わにした根本的な問題（アメリカ追従の原発政策、電力供給や危機管理をめぐる地域格差、消費主義に支えられた大企業中心の資本主義など）、社会のシステムをなんら変えないままに、「現実否認」の態度を現在も保持し続けていると言わざるを得ない。

震災に関する書籍も、震災の直後は売れたものの、現在ではまったく売れない。それも、「現実を直視したくない」という社会による否認と言えるだろう。荻本快は、東京オリンピックの開催を東日本大震災からの復興という大義名目に求めた日本の政府、そしてそれを追認してしまった日本社会の在り方を、「哀しむことができない社会」として次のように分析する。*Y-15

そもそも東京オリンピックは、東日本大震災からの復興を大義とした祭典でしたが、それも無かったことになりました。そして、祭典という躁的な否認の機能だけが残ったと言えます。ここに、喪失を〝哀しむ〟ことが軽視され、否認すること、過去をただ忘れること、うやむやにして躁的になることの方が重視される、というパターンが反復しています。

思えば、二〇一四年一〇月、ジュリーは南相馬の公演で、自作曲〈東京五輪ありがとう〉に思いを託して「被災地を救うため　被災地を救うため　東京五輪ありがとう　被災地をありがとう」と、皮肉を込めて歌った。その本音が「あの町を　忘れないで　想い出して　遠い町の出来事じゃない」という台詞にあったのは言うまでもない。小高地区に住む柳美里も、あのコンサートを観たのだろうか。次の言葉は、その人生の苦難から生まれた智慧である。[*Y-16]

悲しみに沈むのでも浸るのでもなく、悲しみに励ましや慰めや忘却を押しつけるのでもなく、悲しみを悲しみのままの姿で飛び立たせ、そこに集まった観衆と共に悲しみを追悼する時間を持てたと思います。

＊Y-15　荻本快，前掲書，190頁．

＊Y-16　柳美里，前掲書，245頁．

だとすれば、東日本大震災とは、自分自身の悲しむ能力が問われる出来事であったのではないのだろうか。二〇〇〇年大晦日に起きた世田谷事件で、妹一家を亡くした入江杏は精神科医の神谷美恵子の言葉を引いて、「苦しみが生命への足掻きであって、何かしら動いているものとするならば、対して悲しみはあがくのをやめたものだ」と対比する。[*Y-17] 彼女は〝悲哀〟という行為がもたらす可能性を、次のように記している。

悲しみに暮れる時、苦しみに足掻く時は、その渦の中に自ら落ち込んでしまい、何も見えなくなってしまっている。けれども、その存在を認め、その正体を見極める作業は、そんな自分から距離を置かなければならない。私にとって、知ること、学ぶことは大きな慰めになった。ここで言いたいのは、悲嘆を認め、知ることによって、救われることがある、ということだ。

そう、自分の痛みが他人と共有不可能なものであることを噛みしめたとき、孤独感とともに、本当の神が姿なき姿を現す。あたりを見回しても、そこには自分以外の人間は誰も見当たらない。孤独 *solitude* は、孤立 *isolation* とは異なる〔本書二一七／二八八頁〕。カウンセ

＊Y-17　入江杏『この悲しみの意味を知ることができるなら――世田谷事件・喪失と再生の物語』春秋社，2007年，250-251頁

ラーの東畑開人は、まず孤独という状態について「僕らは一人では孤独に耐えられないのです。誰かが隣にいなくてはいけない」と断ったうえで、次のように説明する。*Y-18

たしかに「豊かな孤独」も存在するのだが、それは心のなかに安全な個室があることを前提としている。その個室に入り込めば、ひとりで安らいでいられる。そういう孤独を持てる人は幸運だ。……心は鍵のかかる個室にいて、外からの侵入者におびえなくていい。だから、さみしくもあるのだけれど、同時に他人に煩わされずに自分のことを振り返ることができる。

その誰かとは、人間でなくてもよい。神や祖霊という形をとったほうがよいのかもしれない。なぜならば、かれらは姿なき姿、声なき声、謎めいた眼差しという非直接的な形でしか、人間のそばにはいることができないからだ。神霊は自身の肉体をもたないがゆえに、あなたの窓辺にも、わたしの窓辺にも、同時に姿を現すことができる。神とは〝どこにもいないあなた〟のことである。

だから、歌手のジュリーもまた、生身の沢田研二ではなく、歌手のジュリーとして愛

＊Y-18　東畑開人『聞く技術 聞いてもらう記述』ちくま新書，2022年，76/83頁．

することをファンに求める。だからこそ、彼は「かけがえのない存在」になることができる。誰の枕辺にも同時に呼び出す実体なき存在になるのだ。あるいは死者であれば、肉体をもたない不在の他者として臨在することになる。

宗教民俗学の鈴木岩弓にならって、それを〈二・五人称の死者〉と呼ぶことも可能であろう。[*Y-19] 一人称は「わたし」自身、二人称が「あなた」を呼ぶものであるとすれば、三人称は、個人を超えた先祖や神仏のような集合名詞。たとえば、死後四十年で個人の霊が「磯前家の霊」のような先祖一般の霊として祀り上げられる。もはやそれ以降は、個人として祀られることはなく、集団のアイデンティティの一部に同化される。二人称と三人称のあいだで、個人でありつつも集団の一部であるような状態を指すのが、〈二・五人称の死者〉である。

一方、「孤独には安心感が、孤立には不安感がある」という明確な対比のもとに東畑が述べるように、孤立は次のように定義づけられる。[*Y-20]

＊Y-19　鈴木岩弓「二・五人称の死者——”死者の記憶”のメカニズム」鈴木他編『〈死者／生者〉論——傾聴・鎮魂・翻訳』ぺりかん社, 2018年.

これに対して、孤立の場合は、心は相部屋にいます。

そこには嫌いな人、怖い人、悪い人が出たり入ったりしています。

だから、外から見たらひとりなのだけれど、……「私なんかいないほうがいい」という声に脅かされているわけです。


本来、秘密にされるべき「心の部屋」は開けっ放し。だから、他人の善意も悪意も入り放題。善意さえも誤解を招き寄せる。ましてや悪意と言えば。心の部屋の閉じ方を知らないから、容易にその心は踏みにじられる。「秘密の部屋」はその開閉が大事となる。その機能を十全に伴ってこそ、秘密の心の部屋は、マッサージ室のように、秘密が漏れることのない信頼に支えられた特別な空間になる。その話の相手こそが「かけがえのないあなた」であり、同時にどこにもいないいないあなたとしての存在なのだ。

＊Y-20　東畑開人, 前掲書, 2022年, 88頁.

青髭の小部屋

台本への終止符

禁忌《タブー》とは、その社会に属する人びとには不可視のものとして、あるいは気づいてはいるが見てはならないものとして、機能する。社会の内部に属する人間は、自分たちがその禁忌に従って行動しているからこそ、自由が得られているにすぎない。しかし、禁忌があたかも存在しないように隠蔽されるために、かえってその自由が、まったく制限のないものだという錯覚を生み出してしまう。それを「見るなの禁」（あるいは「見るなの禁止」）と名づけて主題化したのが、精神分析家の北山修と、心理臨床家の河合隼雄であった。

青髭の物語。ご存じのように「青髭」はグリム童話で知られる物語の主人公。簡単にこのお話を紹介したい。*Y-21

青い髭だけが異様に不気味な、快活な紳士が、気に入った年若い女性を娶って、みずからの館に連れて帰る。その娘は、思いもよらぬ幸福な日々に満足を覚える。そしてある日、青髭は、自分がしばらくのあいだ旅に出ることを娘に告げる。娘は退屈しのぎに、館のすべての部屋の鍵の束を預ける。「自由にどの部屋でも開けたらよいが、ただひとつの部屋だけは開けないように」との青髯との約束があったうえでのことである。

館中の部屋を順次開けていった娘は、最後に残った「禁じられた部屋」の鍵を手にする。好奇心のあまり、禁じられた部屋を開けた、娘。

部屋一面に、殺害された女性たちの死体が積み重ねられている光景を目にして、悲鳴を上げる。その鍵は瞬く間に赤い血で染まる。拭ってもぬぐっても、けっして消えることのない鮮血。やがて青髭が戻ってくる。赤い血のついた鍵を見た青髭は、それまでの快活な紳士とは似ても似つかぬ恐ろしい表情になる。

「お前もやはり不実な女だったのか」という言葉とともに、娘を殺すべく出刃包丁を研ぎ始める。

その心理過程は、母親の愛情を十分に受け入れられなかった自己肯定感の乏しい大人

＊Y-21　ヘルムート・バルツ〔1987年〕林道義訳『青髭――愛する人を殺すとは?』新曜社, 1992年.

の事例に、ぴたりとあてはまるものだろう。精神科医の斎藤学が次のように的確に説明している[＊Y-22]。

> 恋愛遍歴を重ねる人は、相手に愛を求める気持ちと、こんな自分が愛されるはずはないという気持ちと、自分を愛してくれない相手に復習したい気持ちを同時に抱えているので、心の中は複雑です。意地悪なことをしながら、それでも愛されたいという矛盾を抱えているわけです。愛情に対して疑心暗鬼ですから、
> 「さあどうだ、これでも私のことを愛してくれるか？」
> と無茶なテストを繰り返してしまう。……結局、自分から愛情関係を壊すことになり、また遍歴します。

青髭の「秘密の部屋」は禁忌《タブー》の象徴である。心の闇であり、恥部でもある。思い余って告白したものの、相手に不気味がられて後ずさりされるという反応に、怒りとともに恥の念が起こる。しかし、青髭の態度は実際のところ、両義的なところがある。かれはなかば意図的に、自分の闇を見せたくて仕方ない。その結果として、自分の恥を見ない

＊Y-22　斎藤学『インナーマザー』だいわ文庫, 2004/2012年, 150-151頁.

でくれる優しさと信頼を、相手に求める。

それでも見られた彼が求めているのは、自分の心の闇を覗いても、悲鳴を上げずに、抱きしめてもらうことなのだ。あり得るはずのないことと知りつつも、その奇跡が起ることを、かれは、他人任せで祈る。

現実の世界では起こることのない奇跡を、現実の人間に求める青髭。その一方で「やはりこの世には裏切り者しかいないのだ」という〝心の台本〟を、現実の相手を通して確かめたくて仕方ない。フロイトの言う「固定化された無意識の心的構造の反復」である。

しかし、かれが無意識裡に期待していることが、もうひとつある。誰かに殺して欲しかったのだ。「無限に繰り返される信頼と裏切り、愛と殺戮の螺旋」という台本への終止符を、誰かに打ってもらいたい。だから、最後に娘の兄たちに斬殺された青髭は、幸せだったに違いない。

この青髭の闇は、どこから来たものなのか。精神分析的に言えば、その主原因として、幼児期のトラウマが挙げられるだろう。意識から対抗したところに沈む、いわゆる原光景。トラウマとは、けっして意識には昇らないけれど、心全体のあり方を支配する無意識の傷である。フロイトの議論でいえば、モーゼなど原父殺しの原光景にあたる。

たとえば長年、私は悪夢に悩まされてきた。

夢のなかでは、いつでも黒い雲に追いかけられていた。

ゴジラ、仮面ライダーの怪人。自分に付きまとって、追いかけたり、くだをまいたり、暴力を振う。止めようとして、怒鳴っても、けっして言うことを聞かない。いつも夢で怯えていた。目を覚ますと、近くに誰も眠っていない。闇のなかで一人ぼっちだった。階下では泥酔して暴れる父親、そして怒鳴り返す母親。際限なく繰り返される諍い。とうとうある日、父の手が母の首にまわって……。

あるときは次のような夢を見る。

黒い雲が、ガラスの私の部屋の周りをグルグル廻って、入り込もうとする。透明な部屋。表も裏もない裸族のような暮らし。相手が告白しようとすると、裸族は喜んですぐに服を脱ぐ――『待って。君だけに恥ずかしい思いはさせないよ。僕も脱ぐから』――しかし気づくと自分ひとりが裸になっている。興ざめになった相手は服を着直して、胡散臭そうな目で眺めていた。ガラスの部屋は、結局のところ、秘密の保てない部屋だった。外から丸見えの、秘密にならない秘密。私は逃げたかった。家という不幸から一人脱出する裏切り者。しかしどこまで逃げても、「裏切り者」という心の声が付きまとう。逃げようとする相手が、自分自身だったから。影が自分から生涯剥がれることがないように、だ。

青髭の秘密の小部屋に積み重ねられた女性の死体の向こう側には、そんな光景が広がっている。青髭は、自分のような狂った人間には誰も関わらないほうがよいと思う。でも、心が弱い青髭は寂しくて、つい外に出かけてしまう。他人に親切にしたりする一方で、思い余って他人にすがりついたりもする。いつでも告白する機会を窺う露出狂のように。それが、青髭が次つぎに館に娘を連れて帰る動機なのだろう。

その館の深部にある秘密の小部屋について、小此木啓吾は「自己確認のためやのみこまれる不安から、相手と距離を保つために秘密をもとうとしたり、相手の愛情を求めたり、親密さを得ようとするために秘密を告白したりする必要」に駆られた心の状態、と解釈する。[*Y-23] 北山修に倣えば、〝心の台本〟ということになろう。小此木は「秘密の保持者は、秘密の排出と保持のアンビバレントな葛藤に駆り立てられる」と、その秘密をめぐる両義性を指摘する。今度こそはという期待、やっぱりおまえもかという怒りの繰り返し。反復される〝心の台本〟は、終わりのない惨劇である。[*Y-24]

平たく言うと、私たちは、幼いころ、心の柔らかいうちに書き込まれた台本を、その後も無意識に相手を変えながら繰り返すという「過去からの反復」が癖になっているのである。それは、特に情緒的に濃厚な関係になると顔を出しやすい反復で、……問題行動や症状を抱えている人々は、その台本を悲劇やまずい筋書きとして、あるいは逃避や失敗という形で繰り返しておられる。

＊Y-23　小此木啓吾『笑い・人みしり・秘密』創元社, 1979年, 118頁.

この段階では、青髭に準《なぞら》えられる分析主体としての患者は、いまだ自己愛的な状態にとどまり、小此木が言うように「恥ずべき、隠蔽されるべき秘密」が「世界を喜ばす自己誇大的な全能感を伴う秘密」へと変形される「秘密の心理」に囚われたままである。それはいまだ融合と区別のつかない「親密さ *intimacy*」にとどまる幼児的なものである。「相手が自分にすべての秘密を告白しなくても、相手に対する親密さや基本的信頼は損なわれない」という、『分離』と『距離』を保ちながら、しかも共有される親密さ」という成熟した大人の段階にはまだ至っていない、と小此木は指摘する。

その点について、土居健郎は「ゆとりを持つためには、何がいちばん自分にとって大事かというところは秘密にしておく必要がある」として、いかに秘密を共有する恋人や家族に対しても、ひとりだけの孤独を享受する場が欠かせない、と注意を喚起する。*Y-25

> 秘密にしておかないと、自分の自由がきかない。したがっていざという時に、ゆとりを生み出すことができない。すなわち余白や暇を作り出せない。恐らく昔の人が、内に恃むところがあ

＊Y-24　北山修『劇的な精神分析入門』みすず書房, 2007年, 94-95頁.

ると形容したのも、同じような精神のあり方をさして云ったのであろう。

そもそも「反復」という構造が物語の主人公であって、各個人はその物語を演じさせられている端役にすぎない。かれらはいまだ周囲の状況に対して、自己の意思を対置させることのできる主体性を有するに及んでいない。それゆえ、私たちが他者の声というとき、実際に「他者」という言葉が誰を指しているのか、を吟味することが重要になる。そのとき、自分の主人公が〝謎めいた他者〟であって、自分はその物語の反復を繰り返す操り人形に過ぎないことを、意識化し始める。

パンドラの箱　蓋を開ける？　閉める？

『差別はな、被害者意識から加害者意識を生むんや』

大阪の被差別部落の友人の言葉を思い出す。被差別部落じたいが日本社会の大きな矛

＊Y-25　土居健郎『表と裏』弘文堂，1985年，136頁．

盾を背負わされた〝禁じられた秘密の部屋〟ではないか。差別されて、人びとの嫌がる仕事を押しつけながら、「差別など存在しない」と日本社会の人びとは言い張る。そうではない。社会の中核を担う「汚れもの」だから、社会の犠牲者として非在の場所へと追い込まれてきた。

それでも、差別された賤民たちを社会から完全に抹消することはできない。光が闇を必要とするように、だ。不可視の存在として排除されつつも、穢れを背負う存在として、社会はかれらを本源的に必要とする。虚偽意識（あるいは偽善者意識）の成立する瞬間だ。それが、公共空間が成立するために犠牲が必要とされてきた理由である。

禁忌《タブー》を体現させられた人間は、人間ではない「神の子」や「現人神」として／あるいは「非人」や「賤民」として、規定される。聖なる／あるいは穢れた存在して、規定される。

非人はハンセン病である。伝染を恐れて家族から引き離され、自分の家族を形成することも許されず、日々の乞食を通して生計を立て、死者の埋葬を命ぜられた。河原者は、死んだ動物から皮を剥ぎ、革細工をすることを生業とした。返り血を浴びることも多く、そこから穢多と呼ばれるようになる。遊女は、出産につながることのない性交を通して人間の快楽にかかわる。

それらを併せて、性・死・殺を見据え、部落史研究の脇田晴子は次のように説明している。*Y-26

私は文明の発展そのものが、人間の存在そのものに不可避的に付随する「生老病死」にまつわる「汚穢」、または毎日排泄する「糞尿」などを、排除すべき不浄のものとして無視し、黙殺し、意識の外に放り出すことによって、暗黙の了解を得て発達してきたと思うのである。否、排除しなければならぬ論理として、といわねばならないだろう。いわば、肉体的な人間性を否定することによって、観念として浄化することによって目をつぶり、それを弱者に担わせて捨象することによって発展を遂げた。

カウンセラーの東畑開人が指摘するように、アサイラム（収容所）とアジール（避難

＊Y-26　脇田晴子『日本中世被差別民の研究』岩波書店，2002年，vii-viii頁．

所）は表裏一体。いずれも世間から切り離された世界ではあるが、それが居心地のよい場所になるか、残忍な強制収容所になるかは、その主体の振舞い次第ということになるだろう[*Y-27]。

深夜、あなたの部屋のドアをノックする音がする。半開きのままのドア。向こう側に誰かがいる。あなたならどうするだろうか。ドアを閉めて、部屋に引きこもるか。ドアを開けて、向こう側を覗いてみるだろうか。

ドアを開けるとは「心の覆いを取り除く」こと。闇に押し込められていた情動が表に出るとき、禁忌《タブー》は顕在化する。そこで目の前に広がる光景は、殺戮の部屋であり、夕鶴の裸身である。それが「親密さ」の正体の半分の真実。だから慎重に招くべきなのだ。訪れる者も、用心深くあるべきなのである。

ドアを開ける前に、部屋の電気を灯けてみなければ。自分の内側の闇に眼差しをむけるのだ。悲しみという闇を、罪悪感という闇を。それは、折檻部屋で殺された女郎の声なき声、そして辱めを受けた夕鶴の悲しいまなざし。でも、じつは自分の心の声。鶴を

＊Y-27　東畑開人『居るのはつらいよ——ケアとセラピーについての覚書』医学書院, 2019年, 304頁.

裏切った与ひょうの罪悪感。何人もの妻を殺した青髭の自責の念、被災地で役に立たない僧侶の無力感。

それは、自分の心を映し出す漆黒の鏡のようだ。たとえば次のような、原光景という幻想[*Y-28]。

> 私は本当は毎日泣きたかったのです。それでも当時は、自分が泣きたいということもわからず、孤独を孤独と名づけることもできず、……ただ無性に家族の輪とか家を欲していたように思います。そして家族の頼りなさも同時に感じていたんだと思います。私には三六〇度の大平原にポツンと一人で立っているような恐怖が広がっていました。誰も私のそばにいない、道を示してくれない……。

顕在化してくる原光景を前に、気を失うのか、言葉を失ってしまうのか。それとも凄惨な光景の前に、自分の無力さをかみしめるのか。あるいは、僧侶たちが無力を悟ったときに聞こえてきた、声なき声が響くのか――「わたしは被災地で泣き叫ぶ声を耳にし

＊Y-28　斎藤学，前掲書，250頁．

ても、何もできなかったんだよ」「津波に襲われたとき、妻の手を離してしまったのは、わたしなんだ」、と。

パンドラの箱のように、蓋を開けたとき、人の耳にはさまざまな声が聞こえてくる。問われるべきは、ドアを開けるか閉めるかといった、単純な選択ではないだろう。むしろ、ドアの開閉の塩梅を配慮することである。そこに誰を招き入れるか、どの声に耳を傾けるかを、慎重に判断すべきなのだ。

なによりも、感情という津波に呑み込まれないことだ。だからこそ、聴き方によっては、〝転移〟の意味を読み替えることも可能になる。そこで、明晰な言語的世界が批判的に介入する可能性も生じてくる。

フロイト派の北山は、夕鶴の物語は「日本人の主体構築の苦しみを物語る」ものだと解釈する。その罪悪感は、意識と無意識の接触した体験に対する消化不良さに起因すると北山は考えた。
他方、ユング派の河合隼雄は、そこでは意識と無意識のあいだに接触は起こっておらず、日本人という主体は空洞なままであると理解した。「日本人というのは、男性と女性の結合による完成よりは、完成するはずの者が別れて立ち去っていくところの美しさを見出そうとした」と河合は述べて、こうした心的構造を特徴とする日本社会を「中空構造の日本」と名づけた。*Y-29
日本の昔話に見られる同じような「見るなの禁」が、流派を異にする二人によって、まったく異なる方向から解釈されたのだ。北山は次のように、河合の中空構造論を批判している。*Y-30

私は、〈私〉がその醜いものの苦痛から逃げまわっているから空になる。自我が不在になってしまうと考えます。それは亡霊からの逃避であると。その時、しっかり自我は機能していて、中空ではない。その真ん中に何があるかというと、覗きこみたい欲望と、罪悪感（すまない）がある、というのが私の考えです。……凡百の自我は中に不純なものをいっぱいに抱え込んで生

＊Y-29　河合隼雄『中空構造日本の深層』〔1982年〕中公文庫，1999年，149頁．

＊Y-30　北山修『最後の授業――心をみる人たちへ』みすず書房，2010年，146頁．

きている。それを隠して生きているのが私たちの自我ではないか。

人間の心や文化の構造には壮絶な葛藤がある。物心ついたころから、いや生まれたときから、傷のない無垢な人間など存在しない。北山は、「私は、表に対して裏のない者など存在しないと考えます」と言葉を接ぐ。[*Y-31]

個人だけでない。文化や社会という集団単位でも同じであろう。それを河合のように、中空構造と呼ぶことはできない。秘められた開かずの間。幸せな社会の代償としての被差別部落の存在。見えない禁忌。豊かな経済の代償としての福島。すべて同じ犠牲のメカニズムがはたらいてる。

北山が言うように、青髭の秘密の部屋、あるいは障子の向こうの夕鶴は、社会の建前の世界に対して秘密にされた本音の世界を示す。光に対する闇のようなものにも、一見すると思える。無くなればよいものでも、無くなるものでもない。「共約不可能」なものとしての心の内面、そして秘密の部屋——いままで、自分の心に潜むその暗闇の部屋に気づかなかっただけなのである。

＊Y-31　北山修『評価の分かれるところに——「私」の精神分析的精神療法』誠信書房, 2013年, 65-66頁.

「親密さ」とは共約不可能なものに支えられた共約可能性にほかならない。

重ね合わされた恋人たちの手をみてみよう。私の手はあなたのものではなく、あなたの手は私ではない。それゆえに、重ね合された手は互いを求めて補い合う。

北山修は治療過程を起承転結の四つの段階に分け、順次定義していく。「起」としての共感、「承」としての治療者の同一化・逆転移・劇化、「転」としてのセラピストとしての気づき、「結」としての治療の進展。まず「起」として〝転移〟が生じるとき、そこには幼児期の心的状態に〈退行 *regression*〉する現象が起こる。それは、観念的な言語的世界だけでは止められる動きではない。北山は次のように述べている。[*Y-32]

身体医療でも素肌を曝し、素裸であることが求められながら、その場が同時に保護されるよう

＊Y-32　北山修『劇的な精神分析入門』みすず書房, 2007年, 121頁.

に、心の臨床でも「素の心」は抱えられ、保護されなければならない。「素に戻る」は「正気に戻る」ことでもあり、……この「化粧を落とす」とか「着替え」という移行の瞬間は同時に無防備で危うい状態なのである。

それは舞台裏の楽屋であると同時に、青髭の「秘密の小部屋」にもなる。殺人鬼の罪悪感に呑み込まれた本人が、相手に〝転移〟を起こさせて、退行した心の原光景が顕わになる場合もある。あるいは、動物的本性を顕わにした若く美しい女房、夕鶴が味わってきた恥辱がむき出しになる場合にもある。他方、感情を〝転移〟された側の人間もまた、自身が抱える心的問題が生起するなかで、主客未分離なノスタルジアに囚われた〈逆転移〉現象へと巻き込まれていく。

ふれあい

躊躇いと恥じらい

それは、一見、共感的態度として望ましいもののようにも思われる。しかしこの情況は、自己が不在になるところで〈逆転移〉に巻き込まれる状態が起こった、と考えるべきであろう。

参考になるのが、酒井直樹が提起した、同情と共感の区別である。酒井は「他者の内面性において射きられた、媒介されていない元の感情や感覚を共有することを『共感』とよぶならば、同情は共感と違っていて、感情移入の形式を必要としない。」として、同情を次のように定義する。*Y-33

苦しむ人……の身体が傷つけられているのだから、かれは痛みを無媒介に受容しているはずだが、それを看取りつつある私たちはかれの痛みを無媒介に体験することはできない。……ここ

＊Y-33　酒井直樹『ひきこもりの国民主義』岩波書店，2017年，11頁．

では同情は、苦しむ人と同じ情緒や感情を共有することではないのである。同情とは、比喩的な形象化によって撃たれることであって、共有されるは、情熱、すなわち、他なるものによって変容されること、なのである。

土居健郎は、共感という言葉を「気持ちを汲む」行為であり、相手の気持ちを察するようになれば「思いやり」にいたると指摘している。その一方で、「相手の気持ちを察するように見えて実は自分の思いを相手に投入する……投影同一化」になった場合には、「思い入れ」として、他者本位の「思いやり」とは峻別されるべきだと述べている。[*Y-34] その点でも、酒井の議論の前提に〈ふれあい *touch*〉という情動的な身体行為が想定されていることは、〈傾聴〉行為における自他の微妙な関係性を考えるうえで興味深い。

完全には重ならないからこそ、相手の心的内容に完全には没入しない。もちろんそれは、相手に対して冷淡であったり無関心であることを意味しない。分析家の椅子と患者のカウチの関係のように、異なる視点をもってその場に共にあることなのだ。それゆえ酒井は〈ふれあい〉を「能動にも受動にも転じうるある微妙な両義的な瞬間」ゆえに、

＊Y-34　土居健郎『新訂 方法としての面接――臨床家のために』医学書院，1992年，23頁．

「触れたからといって、私は相手を『分かってしまう』ことはない」として、その〝共約不可能性〟を強調する。

しかしそれは、「分からない」ことを一義的に明示するものではない。なぜならば、分かるのか分からないのかという二分法じたいが、表裏一体の同一思考の域を出ないからである。「分かる」と「分からない」という二つの項の隙間 *in-between* で、対話をする二人が、その関係に応じて、錘を降ろす場所を決めることになる。それが共約不可能なもののあいだに〝共約可能性〟をもたらすという行為である。本来、比較することのできない諸主体のあいだに尺度を渡すのだ。

それはマッサージ室での施術師と私の関係を物語るものでもある。両者の視線が直接交わらないような位置関係にあるがゆえに、私はみずからの内面を自由に話すことができる。目の前に施術師の顔があったら言い出せないが、直接に顔を突き合わせないで済むため、妄想も含めた内的感情を、私は自由に語ることができるのだ。

おそらく精神分析の場でも、同様のことが起こっているのではなかろうか。分析家がいなければ、患者の発言は独り言になってしまう。そうなれば、自分の話を届ける対象を失った発話行為は、方向性を完全に喪失することになる。そして発言じたいが、自由闊達な無意識の世界の連想を取り出すことに失敗する。だからこそ分析家は、個人の限界を超えたオールマイティな存在「どこにもいないあなた」として、患者の〝転移〟感情を引き起こす存在であらねばならない。少なくとも、分析の当初の段階においては。

ただし、分析家自身が患者にとってオールマイティであるように映ずるためには、相手の〝転移〟感情を真に受けないかたちで受け留め、自分の〈逆転移〉の感情に自覚的であることが、求められる。精神科医である春日武彦は、そのためには「好奇心」が必要だと説いている。*Y-35「自分や人間との出会いに仰天する」ような好奇心こそが、当事者たちが巻き込まれた状況に対して、「ある程度の距離をおいて対象を眺める姿勢」をもたらすがゆえ、である。

個人の生活歴を伴わない匿名の存在としての分析家は、神仏の真正さが失われた現代社会においては、それに代わる〝謎めいた他者〟の役割を担う者として機能する。それゆえに、視線の交わらない分析室において患者の心に浮かび上がる感情が、件の「二重

＊Y-35　春日武彦『病んだ家族、散乱した室内——援助者にとっての不全感と困惑について』医学書院，2001年，119頁．

窓❖Y-5」のなかに挟み込まれたような状態に置かれることが可能となる。患者当人と同時に分析家から眺められることで、取り出された患者の無意識の感情は、多様な解釈のもとへと押し広げられていくのである。

こうした〈転移–逆転移〉に基づく人間関係。それが耽溺した依存関係になるのか、自律的な信頼関係になるのかは、自分の心に対する距離のとり方、〝謎めいた他者〟の眼差しを「捉え直す」自分の側の主体性の確立次第。そこにおいてこそ、謎めいた他者の眼差しが私たちの心に埋め込んだ「台本」のストーリーを読み取り、自覚化する距離を保つことができるようになるからである。その距離こそが、相手の感情を真に受けることなく、ありのままの「心的現実」として受け留めることを可能にするのだ。

〝謎めいた他者〟――しばしばそれを体現する「世界」という共同幻想が、ある種の公的空間に広がるイデオロギーだとすれば、個人の側に、かれらの眼差しを捉え返すことができるような「秘密の空間」が必要となる。

人間の作る世間、表の世界に不安を抱き、そこから自分たちを守るために境界線を引

❖Y-5　極端に冷たい外気と、暖房で温められた部屋の内気が直接触れ合うと、そのあいだに挟まった一枚のガラスでは割れてしまう。それを防ぐために、あまりに温度の違う外気と内気が接触しないようにと、二枚の窓ガラスを使って空気を挟み込む。――本書105頁

く。内と外、裏と表といった境界線をふまえた「結界」が確固としたものとして存在するからこそ、その内部に外部を取り込むことができる。それが心の部屋である。だから、人間の心を自室に例える春日武彦も、「少なくとも不意打ちでない訪問ならば、知人を迎え入れる準備をすべく片づけや掃除をしたり切り花を活けたりすることが契機となって、かえって生活に張りが生ずることになる」と、外部との交流の大切さを述べている。[*Y-36]

　このとき、〝どこにもいないあなた〟という謎めいた眼差しは、〝かけがえのないあなた〟という個人によって、現実の人間のなかへと、旧状をある程度保ったまま、異質な他者のまま、〈体内化〉として取り込まれる。この主体は「内部に異質性を孕んだ同質性」という二重性として形成される。内部に秘された異質性は、誰の手も届かぬ地下の埋葬室 *crypt* から、謎めいた死者として主体へ呪力を及ぼす。

　それは、結界が張り巡らされ、許された者しか入って来られない空間。「世界」が表だとすれば、いかなる翻訳も不可能な秘密の小部屋は、「裏のわたし」である。表から裏を分離したうえで、両者を関係づけること。それが、主体というものが本当の意味で「主体性」を確立することなのだ。そのことに気づいたとき、そう、マッサージ室という小

＊Y-36　春日武彦，同書，24頁．

部屋のように、血塗られた青髭の秘密の部屋も、鶴の機折る障子の向こう側も、そのまなざしが作り出した幻想に他ならなかったことに気づく。それは単なる錯覚ではない。本人にとってはリアルな錯覚、すなわち確固たる心的現実なのである。

人間は生まれると同時に幻想に感染されていたし、〈逆転移〉まで起こしてしまっていた。「世界」とは〝転移〟の感情が作り出した享楽の投影物に他ならない。享楽とは、「苦しむことをやめられない」という未完の快楽なのだ。苦しいのに、自分が苦しむ状態にあることで、むしろ安心してしまう、反復の台本の源。

ただし、自分自身が楽しんでいるわけではない。〝謎めいた他者〟という台本の書き手が、個人の主体が苦しむのを楽しんでいるのである。そこにおいて、主体のイニシャティブは自分自身ではなく、自分には思うようにならない謎めいた他者、すなわち〝どこにもいないあなた〟にあることが判明する。自己とは、謎めいた他者の「あやつり人形」に過ぎない。自分の思うようにならなさ、そこに享楽――終わることのない苦しみ――の原因がある。

〝かけがえのないあなた〟のうえに、〝どこにもいないあなた〟という謎めいた他者が重なり合う。〝かけがえのないあなた〟という個人が、〝どこにもいないあなた〟という謎めいた他者の幻想に食い尽くされるとき、完全合一という幻想の〝転移〟が完成する。それを心理学では〈同化 *assimilation*〉と呼ぶ。

〈同化〉は、体内に取り込んだ異物を消化してしまう点で、その異物を異質なものとして抱え込む「体内化」とは区別さるべきものなのだ。同化のもとでは、青髭のように、あらゆる闇が眼前の相手に投影される。生身の相手には対処しきれないほど無理難題が、その相手が失敗するまで、永遠に課される。青髭の傷ついた心には、永遠に癒されることのない台本が刻み込まれているからである。

そして、「心の部屋」に二人の人間がいた場合、その秘密の部屋は、プライバシーを欠いた公共空間に転じざるをえない。公共空間とは、たった二人であっても、基本的に複数性の空間だからだ。狭い部屋に入れられた二人は、まるで狭い籠に入れられた鳩のよう。適切な距離を保てない二人の関係は、いつしか血で血を洗う暴力的なものに転じていく。そこに、「露わにする」という行為の怖さがある。親密性の空間は容易に「晒す」という、秘密を暴露する空間へと変貌する。

たとえば、北山が「『承』としての治療者の同一化、逆転移、劇化」として挙げた〈逆転移〉の障害は[*Y-37]、被災地で被災者に入れ込んだあまりに、相手を傷つけてしまった僧侶の心理過程を説明するものになっている。

セラピストがこれを引き受けて同一化し、あるいは相手から同一化されるなら、そこで押し付けられた役割を意識化できないままに実現しかける。つまり、治療者が、患者の「相手になってやろうとする」「パートナーになろうとする」のである。例を挙げるなら、いじめにあった人に対して、話をきいていると、やがて共感的に「もらい泣き」したり、逆にいじめっ子を演じそうになってしまうのである。

＊Y-37　北山修，前掲書，18頁．

もしそこで、相手の話に耳を傾けてきた側がみずからの〈逆転移〉を自覚し、自身の「台本」に気づく状況が起きるならば、心の秘密の部屋でもち上がった問題は、双方から対象化されることになる。だからスーパーバイズという、さらなる練達の分析家という第三者による「みずからの感情の流れを客観視する」場が必要となる。宗教者の場合でいえば、東北大学で開かれている臨床宗教師の研修などの、自己反省の場である。

酒井もまた「〈ふれあい〉がすぐれて社会的な出来事となりうるのは、そこに「恐れ」「おののき」の契機が予想されているからである。……躊躇や恥じらいによっておもわず立ち止まるとき、人は〈ふれあい〉の契機に気がつくのである」と、他者と触れ合う際の〝気づき〟の重要性を指摘している。[*Y-38] 北山はセラピストの問題として、次のように説明する。[*Y-39]

セラピストが自分の傷つきや病気に気づいてこそ、患者は自分の治癒力を見出すという物語を展開するための「転」の部分は、こういうセラピストの悩ましさの体験後に生まれる。……その典型例が、治療者が患者と同じ病気を持っているのではないかという心気的な思いである。

＊Y-38　酒井直樹，前掲書，5頁．

＊Y-39　北山修，前掲書，201頁．

話し手の感情的〝転移〟に巻き込まれた聴き手が、あえてそこから逃げ出すことなく、望まれた役を意識的に演じて見せる。最初は〈逆転移〉によって相手の無意識のなかへと投企され、相手の感情との融合を起こしてしまう。しかし、その役を演じつつ、自分が素で演じているのではなく、役目として演じるべきことに目覚めていく。

臨床の現場に参与観察者として介入することで、自分と相手の無意識が自らに命じた台本の役目に対して意識的になることができる。期待される役目に入り込みつつ、内側から役目を読み替えていく。そこに見られる姿勢は同情ではない。共感、すなわち共約不可能なものの共約可能性でしかない。

まさに、違う方向に設置されたカウチと椅子に座る患者と分析家の関係、すなわち相手の連想内容を否定しないものの、同時に真には受けないという、ずらした関係を示している。

青髯と夕鶴

開け閉じ自在の扉

たとえば、青髭の殺害の部屋を見て、恐怖を感じるよりも、青髭の心の傷に涙する娘。夕鶴の動物としての姿を見て、『僕も鶴なんだよ』と告白する与ひょう。いや、それだけでは十分ではない。それでは、未分離な感情に二人もろとも呑み込まれてしまうだけだ。その先に、「妻は鶴になりたがり、夫はそれを暴きたがる」という共犯関係の台本を、相対化していくべきなのだ。

『俺、家族がいるから息子にはなれないけれど、離れて暮らす義理の息子くらいにはなれらぁ』と機転を利かす若い僧侶。ここで、融合としての〈転移－逆転移〉の関係は脱構築されて、心に刻み込まれた台本から少しずつ解放されていく。少なくとも、その正体が動物であったり殺人鬼であることに、驚いてはなるまい。

北山は治療の進展として「結」を、治療者に埋め込まれた〝心の台本〟から自由になることと捉えて、次のように説明する[*Y-40]――「セラピスト自身の言葉による気づきを通して、患者の『台本』の片鱗が明らかとなり、人生をめぐる物語のモデルが形をなしていく。やがて患者の気づきが生まれて、言動の変化につながったり、後の治療対応に生かされたりする」。

そう、秘密の小部屋も未完の物語、そこに何を読み込むかは本人次第。そこを訪れた青髭と娘、夕鶴と与ひょう。その顔合わせ次第。意志疎通が困難だからこそ、無限の会話のバリエーションが可能になる。

記憶のかなたに埋め込まれたノスタルジア、だれも戻ることのできない秘密の小部屋の白さ――悲しみをかみしめること。しかし、そばに誰かが寄り添うことはできる。それが〝かけがえのないあなた〟あるいはソウルメイトと呼ばれる存在である。

それが耽溺した依存関係になるのか、自律的な信頼関係になるのかは、自分の心に対する距離のとり方、〝謎めいた他者〟の眼差しを「捉え直す」自分の側の主体性の確立次

＊Y-40　北山修，同書，19頁．

第である。だから、寄り添うとは、共感することではない。共感できないことを噛みしめながら、それでも共に立ち尽くすことである。その意志である。

◈ ◈ ◈

ならば、青髭と夕鶴の出会いという、意外な物語はどうだろう。青髭の館に、家を出た夕鶴が留まることになるというストーリーだ。

鶴の正体がばれて、与ひょうの家を飛び出した夕鶴。着のみ着のままで歩いていると、大きな館にたどり着く。約束を破った娘の兄たちに打ちのめされて横たわる青髭の身体がある。夕鶴が自分の肌で、冷え切った青髭の身体を温めると、なんと、青髭が息を吹き返すではないか。

青髭もまた、裸体の夕鶴に服を着せる――『寒かったね。服を着なさい。その傷を覆いなさい。人間は誰も動物であり、同時に人間なんだ。片方だけの存在なんて、ほんとはあり得ない。もう無理に晒さなくていいんだよ。恐れなくていい。わたしも同じ仲間だ』。青髭は殺人鬼にも変じかねないトラウマの象徴。夕鶴は動物でもあるという恥の象徴。二人はそれを認め合う。

青髭は血まみれの体で夕鶴を抱きしめようとする――『ああ、わたしの体は血で汚れているね、すまないね』。夕鶴は微笑んで言う――『わたしも血だらけなの。だから気にしないわ』。青髭は夕鶴の頭を優しく撫でる――『たいへんだったね。もういいんだよ。ここが隠れ家。好きなだけここに居なさい。いや、わたしのために、ここに居ておくれ。わたしたちは似た者同士。この世のどこにも居場所を見いだせなかったのだから』夕鶴は青髭の胸のなかで泣いた。長い、長い時間の涙だった。青髭も泣いていた。

そう、かれらはついに、自分の心の安らぐ居場所を見つけたのだ。他者への警戒心をほどき、リラックスすること、それが、人が他人を信頼するということなのだ。居場所とは「弱みを不安にならずに委ねていられる場所」のことなのだ。[*Y-41]

そして、二人は相手に、自分よりも寂しい思いをしてきた人間を見出す。世界でいち

＊Y-41　東畑開人『居るのはつらいよ――ケアとセラピーについての覚書』医学書院, 2019, 55頁。

ばん困難な存在、孤独な存在。もう自分の寂しさに甘えていてはいけない。相手の抱えてきた寂しさに申し訳ないと思ったのだ。いつしか、二人の涙が部屋中に満ち溢れ、その血をすっかり洗い流してしまう。気がついたときには、青髭の秘密の小部屋から女性たちの死体は消えていた。

では、悪夢は消え去ったのだろうか。いいや、ときどきその部屋の光景はフラッシュバックする。そんなに簡単に心の傷は治ることはない。東畑は精神科医の中井久夫にならって、心と体の境界線がごっちゃになって、感情に呑み込まれた主体のあり方を「こらだ」と呼んだ。[*Y-42]

心と体はいつでも分割されているわけではない。というか、ふだんはきれいに分割されているように見える心と体には、実際のところグニャグニャしたままの部分もある。……調子が悪くなって、「おかしな」状態になるとき、心と体の境界線は焼け落ちる。そのとき、心と体は「こ、ら、だ」になってしまう。……こらだが現れるとき、自分で自分をコントロールできなくなって

＊Y-42　畑開人，同書，82-84頁。

しまうからだ。こらだは暴走する。……それだけではない。こらだには伝染力がある。こらだを目の当たりにしたとき、……こらだとこらだは混じり合い、二人のあいだのプライバシーとか国境線を吹き飛ばしてしまう。

青髭の発作が鎮まるまで、夕鶴は青髭の手を握り締める――『だいじょうぶ。発作はじきに収まるわ。わたしがここにいるから。どこにもいかないわ』。見ることを禁じられたおぞましい光景を見ても、もう、どこにもいかない。なぜなら、夕鶴もまた、人びとからおぞましいと退けられた傷を負った身だからだ。あるときはその傷をしっかりと見据え、あるときは見て見ないふりをする。蓋の開け閉めは自分たちの状況に応じて自由自在なのだ。

そのかわり、彼女は青髭に教える。――愛していることは無限大の甘やかしではない。幼い頃にあなたが母から得られなかった無条件の愛を、パートナーに求めてはいけない。「相手の愛を試してはいけない」。愛は試すものではなく、築き上げていくもの。相手が「それは嫌だ、これはできない」と断る人間ゆえに、信頼の感情をもって応えていくべきだ。人間である以上、できないことはできないと、互いの信頼に基づいて言ったらよいのだ。

二人はこの部屋で、時に自分の物語を語り合った。あなたの傷はあなたのもの、わたしの傷はわたしのもの。でも、そのかたわらで寄り添っていたい。部屋の二人が共約不可能な関係にあっても、そばにいて寄り添うことは可能である。

カウンセラーの東畑開人も、その心境を「とにかく『いる』。なんでもいいから『いる』」。僕は『いる』ことに徹することにした」と形容する。「する」が意味するセラピーではなく、まずは「いる」というケアをすること。そして「心を掘り下げることではなく、心の周りをしっかり固めて安定させてほしかったのだ」と定義づけた。[*Y-43] それが、意味を吟味する以前に、まずは共にあることで関係を信頼づけていく第一歩なのである。

この段階では、分かるとか分からないとか、正しいとか正しくないとかは、どうでもよいことなのだ。それが、自分が新たに他者と共存する場の形成となる。そこで初めて、世界から隔絶された二人の〝秘密の部屋〟ができる。

＊Y-43　東畑開人, 同書, 51頁.

秘密の部屋には、開閉自在のドアがある。秘密の部屋という裏の世界に入り、自由に表と出入りできるよう、服を着るとしよう。もう十分ではないか。剥き出しになった傷を暖かく見つめる人は、すでにあなたの眼前に現れている。これ以上、自分の裸体を恥じることはない。もう、街で裸で歩くという恥をかき続ける必要はないだろう。

土居健郎はそうした〝秘密〟の心的意義を、中世神学者の言葉を引きつつ、「愛において人間は心の最も深いところを露わにする」からこそ、「愛が始まるところでは、秘密が愛する二人を包まなければならぬ。そうしないと人間は持たない」としている。[*Y-44]

幻滅

無力さを受け容れて

ライチの皮のように、自分の幻想から自由自在に抜け出ることができる。古い皮を破壊する必要はない。するりと抜け出して、出入り自由。何も心配はいらない。そして必要になったら、ふたたび部屋の扉を閉じるのだ。その部屋から出ては、また入るのだ。

＊Y-44　土居健郎『表と裏』弘文堂, 1985年, 168頁.

開け閉めはどちらも必要なものなのだ。外部とのつながりが切れて、終始二人だけになってしまうならば、人間は窒息してしまう。ふたを開けるのは、心の闇に光を照らすこと。ふたを閉めるのは、心の傷を覆うこと。心の裏と表のあいだに橋を渡す、その行動を本人が主体的におこなえるように熟練するべきなのだ。

そのようになるため本人と共にいることを重視する姿勢を、東畑は「ケア」と呼び、「そのときどきのニーズに応えることで、相手を傷つけないこと」する一方で、ニーズを満たすのではなく、その「ニーズを変更する」ことが目指される行為を「セラピー」と呼ぶ。*Y-45 台本の書き換えであり、変更である。それがあれば、かつて二人を苦しめていた病いは、もはや、その呪力を失っていくことだろう。

二人しか知らない秘密の部屋。

移り気な世間はこの館のことをすっかり忘れてしまう。夕鶴のこと、青髭のことも。館は鬱蒼とした森の向こう側。そこには結界が張り巡らされ、許された者しか入って来られない。ここに居るかぎり、なにも恐れることはない。外界から隠された秘密の部屋。そ

＊Y-45　東畑開人，前掲書，273-275頁．

のドアどこにあるのかさえ、外の人びとは知りようがない。

世間・世界が実体の物語として存在することを止めるとき、共同幻想としての世間・世界は瓦解する。そのとき、私たちは、転じてそこから解放される。そもそも、あらかじめ決められた世間・世界の実体などは存在していなかったことに、初めて気づく。それは〝謎めいた他者〟が、鳥かごの中に閉じ込められている私たちを眺めて享楽する〝転移〟に他ならなかったのだ。

そもそも「世界」とは何なのだろうか？　どのようにして構築されるものなのだろうか？

世界と呼ばれるものの大半はそもそも、自分の思い込みからなる幻想である。その幻想から解放されていくこと、そのために幻想に「幻滅」〔北山修〕することが必要になる。

それを仏教では、悟りあるいは成仏と呼んできたのである。固定された世界という実体などありはしない。それぞれの者が〝謎めいた他者〟の眼差しを感じつつ、自分なりに組み立てるものなのだ。

謎めいた他者、しばしばそれを体現する「世界」という共同幻想が、ある種の公的空間に広がるイデオロギーだとすれば、個人の側に秘密の空間、かれらの眼差しを捉え返すことができるような秘密の空間が、必要になる。そのとき、〝どこにもいないあなた〟という謎めいた他者の眼差しは、〝かけがえのないあなた〟という個人によって、現実の人間のなかへと「取り込まれる *introjection*」ことになる。たとえば、聖人や上人と呼ばれる宗教者、現代ではアイドルやポップスターのような芸能人が、そのたぐいの存在に相当する。

「世界」が表だとすれば、秘密の小部屋は裏面の「わたし」である。表から裏を分離し、改めて裏側から表面を捉え直すこと、それが、主体 *subject* に「主体性 *subjectivity*」がもたらされる事態なのだ。そのとき主体は、'be subject to' という服属する立場から、文字どおり主語の立場を獲得することになる。そう、いまこそ鳥かごから解き放たれる時が来たのである。

あなたを疎外し支配してきた「世界」など、もはや存在しない。目の前には、無限の空間の広がりがあるばかり。そのどこにも、あなたは襞《ひだ》を折り、秘密の部屋を〝かけがえのないあなた〟とともに創ることができる。

それに気づいたとき、白い透明な全能感の密室も、血塗られた青髭の秘密の部屋も、鶴が機折る障子の向こう側も、そのまなざしがつくり出した幻想に他ならなかったことに気づく。あなたはその幻想に〝転移〟されていたのだし、世界へと〈逆転移〉していたのだ。世間・世界とは〝転移〟の感情がつくり出した享楽の投影物に他ならない。そこで待ち受けるのが〈負の転移〉である。眼前の相手への埋没である。

そこでは、青髭のようにあらゆる闇が眼前の相手に投影される。だから、生身の相手には対処しきれないほど無理難題が、その相手が失敗するまで、永遠に課されるのだ。青髭の傷ついた心には、永遠に癒されることのない台本がすでに刻み込まれていたためである。

そうした「合一」がかりそめの幻想であることを見抜く必要がある。自分の台本をつくり出してきた幻想の世界の、息の根を止めるなければならない。

すべての根源は、自分という主体から発する。個人が〝謎めいた他者〟の眼差しを体内化して、個人と個人を結ぶきずなのとして再利用するのだ。そのとき、謎めいた他者の眼差しが私たちの心に埋め込まれて、「台本」のストーリーを読み取り、自覚化することができる。

そう、一人ひとりの心の闇は測ることはできない。秘密の部屋は無限の闇が湧き出す泉。それが翻訳不可能な「沈黙」の世界。

でも、無音の世界を意味するものではない。多様な声の響きあう音が、聴き手の耳に届かないだけなのだ。まるでバベルの塔の先端について、その起源を語ることが不可能なように。それが複数性の空間からなる公共圏の存立構造なのだ。

バベルの塔の物語。それは起源不在の物語。

神の住む天の世界まで届かんばかりの巨大な塔を作り続けた人間たちは、神の怒りによってその先端部分を破壊される。もう二度と協力して巨大な塔がつくれないようにと、人間たちは互いに異なる言語を話すようになり、意志疎通の困難を抱えてしまう。しかし、神の英知の世界に届かんばかりの完成した塔など、そもそも存在したことなどなかった。いつも先端は、未完のままだった。人間はそこに、それぞれの立場からそれぞれの思いを投影する。

神の世界と異なり、有限な人間の世界には、統一した正解など存在しない。だから、それぞれが思い思いに答えを模索しても、他者の異なる答えが併存することが可能になるのだ。起源が実在していたならば、もはや人間に選択の余地はなくなる。

そう、秘密の小部屋も未完の物語。そこに何を読み込むかは、本人次第である。それでも、共にあろうとする意志が共にあるならば、共約不可能なものに共約可能性な場をもたらすこと、すなわち「測れないものを測る」ことが可能になる。それぞれ個性を異にするものが、その違いのままに共存する関係を指す。

ここでもう一度、「哀しみをかみしめる」という行為を思い出す必要があろう。この段階で、自分の幻想に「幻滅 *disillusion*」することが大切になる。人間は他人の気持を本当のところは理解できないし、他人も自分のことが分からない。多くの場合は、理解しようとする意欲さえ起こらない。

江戸川乱歩に「鏡地獄」〔一九二六年〕という作品がある。

心のなかに鏡があって、自分は自分を見てうっとりする。そういう鏡だけの部屋に憧れて最後、気が狂うという粗筋である。それは「自分にしか関心がない」ということを意味する。自分しか見えないということは、その世界には他者がいないことになる。他者がいなければ出会いが起きることもない。必然的に、他人に幻滅することもない。そうしたときに、自分の感情は誰に対して〝転移〟するのか？　当然のごとく、自分自身に向かう他ならなくなる。フロイトはそれをナルシズム、自己愛と呼んだ。

もうひとつ、ルイス・キャロルのファンタジーに『鏡の国のアリス』〔一八七一年〕がある。鏡の向こうから鏡のこちらにやってきて、同じ世界に見えるんだけれども、そこに住んでいるものはまったく違う。こちらも向こうもアリスの心、心というのは一見平穏に見えてハートの王様やスペードの女王などガチャガチャしたものが住んでいる。アリスはその世界のなかで、「わたしって、いったい誰なのかしら」と混乱していく。でも、最後に彼女はこう叫んだ。「いい加減にしなさいよ!」、と。そうすることで、独り言としての世界像が自転することをようやく停止するのだ。

あまりに騒ぎ立てる人たちに対しては、理屈でとりあおうとせず、有無を言わせないこと。それが肝要だ。そうすることで、世界の呪縛が解けるのだ。アリスは誰に対して叱ったのだろうか。それは、鏡のなかでうっとりしやすい少女であった、彼女自身に対してなのだ。

「誰もわたしのことをわかってくれない。でも、あなたならわかってくれる」。その人に褒められたいなと一心に思い始めたなら、それが〈負の転移〉の始まり。あっという間に、狭い世界観を体現する鳥籠に、私たちは閉じ込められてしまう。その言葉が、裡に潜む自己憐憫の感情を刺激して、その幻想を現実的だと思い込ませる魔法にみずから掛かってしまうのだ。

東日本大震災から十余年経った。阪神淡路からは、すでに二十年以上。現地でこういった声を聞いたこともある――『もう、覚えてるのがつらい』と。また一方で、『覚えてるのがほんとにつらいよ。でも俺は、生きてる限り、このつらさで生きなきゃなんねえんだ』という人たちも、たくさんいた。

私はこう伝えたい、『もう忘れていいんじゃないの』、『もう十分だよ』と。大事なのは、どのように耳を傾けるか――死者から、生き残った私たちはどう距離をとるのか――ということなのだ。それは、死者の存在を忘れてしまうことではなく、自分の死者への想い、言い換えれば「台本」から解放されることなのである。

死者の眼差しに生者が縛られて前に歩めないならば、もう、自身を赦してやってもいいのではないか。

東北地方の友人はこう告白した――『わたし自身が生き残ったことを、赦してもらいたいんだよ。もう疲れた』と。そのとおりだ。自分が生き残ってしまったという罪責感に対して、もう十分に苦しんできたではないか。

自己幻想を相対化する「幻滅」の過程を経験することで、人間の主体は〝謎めいた他者〟に憑依されず、自我肥大も起こさずに済むようになる。その力を利用しつつ捉え返すことで、自分なりの主体化を成し遂げていく。その結果として初めて、現実を受け入れること、すなわち、現実の出来事に対する自分の無力さを受け容れることが、できるようになる。

第三幕

双葉郡

FUTABA

戦後民主主義の行方――メドゥーサの瞳

双葉町と大熊町

白い土地

『コンセントの向こう側』という書物がある。[*3-1] 福島第一原発の爆発以降の福島県海岸部の風景の移り変わりを記録した作品である。

私たちの暮らす住居空間に接続する電気がいったいどこから送られて来るのか? コンセントの向こう側をたどって行ったらどこに行き着くのか? それをあなたは想像したことがあるか? という問いかけである。首都圏の人びとの暮らしを支えるコンセントの向こう側、それは福島第一原発である。福島に発する電流が首都圏に運ばれていく様子に、著者は思いを馳せる。

福島の浜通り〔本書iii頁〕、特に「原発銀座」と呼ばれた双葉郡の双葉町《ふたばまち》と大熊町《おおくままち》を通して近代を問うことは、私たちの生活が他地域に供給を押し付ける原子力エネルギーのあり方を問うことだけではない。それ以前、その南域は常磐炭鉱と呼ばれる地域であった

＊3-1　中筋純『コンセントの向こう側』小学館, 2021年.

ことを思い出してほしい。一九六六年に開業した常磐ハワイアン・センター❖3-1である。日本でも有数の石炭採掘量を誇った常磐炭田だが、日本社会がエネルギー資源を石炭から石油、さらには原子力に切り替えたとき、働き場所が失われた。その地元民のために、湯元温泉を活用してつくられた一大レジャー・センターである。

近代日本国家が推進する殖産興業、そのエネルギー政策で犠牲にされる地域住民たち。石炭でいえば、大地震が程なくして起こった熊本も例外ではない。常磐炭田に並ぶ、九州の巨大炭田地域のひとつ、筑豊炭田。そこには温泉があり、繁華街があり、加えてハンセン病患者たちの隔離施設、菊池恵楓園があった。そして隣の地域には水俣。近代産業を推進した窒素工場の排水で、自然が汚染され、痛々しい公害病が引き起こされた地域である。

貧しい地域がお金と引き換えに、国益産業の受け皿となり、都会はそのリスクをかれらに背負わせることで、経済成長を享受する。もちろん、そのリスクはあらかじめかれらに知らされることはない。代わりに「安全神話」を説かれる。リスクなき豊かな経済社会という幻想に翻弄される人びと。下北半島、福島浜通り、東海村などの原発施設、水

❖3-1　2006年9月公開の映画《フラガール》は、1966年に「常磐ハワイアンセンター」が誕生した当時の物語を、実話に基づいて描いている。同施設は1990年に「スパリゾートハワイアンズ」に改名し、今に至る。

俣窒素や足尾銅山の公害病など、枚挙にいとまない。ひとたびそこに深刻な事故が起きれば、その土地は「白地《しろじ》」にならざるを得ないのだ。荒廃する周囲の自然環境。大都会へのエネルギー供給のために、使い捨てられる地方。明治の石炭時代から同じことの繰り返しとなる。

この「白地」と呼ばれる行政用語をご存じであろうか。福島県浜通りを中心に局所的に用いられている言葉である。三浦英之は、大熊町の職員から聞いたこの言葉の意味を次のように解説する。

《白地》とは……、「帰還困難地域」の中でも、国が除染を進め「特定復興再生拠点区域」に含まれない、つまり将来的にも住民の居住の見通しがまったく立たない約三一〇平方キロメートルのエリアを指し示す、主に復興事業に従事する役所関係の人々の間で二〇一〇年代後半から使われ始めた隠語のようなものらしかった。

帰還困難地域とは、放射線の年間積算量が五〇㎜シーベルトを超えるため、区域の境

＊3-2　三浦英之『白い土地——ルポ福島「帰還困難地域」とその周辺』集英社，2020年，9頁．

界にバリケードが設置されて、原則、立ち入りが禁止された地域である。「長い間帰れないということで故郷喪失の慰謝料が支払われている地域」と、元・復興庁事務次官は定義づけている。[*3-3] 具体的には、爆発した福島第一原発が置かれた双葉町と大熊町が、長いあいだ全面的に帰還困難地域に指定されてきた。

避難を強いられた住民たちへの賠償金は、当初、子供も含めて一人当たり一ヵ月一〇万円。一一ヵ年分が、二回に分けて前もって支払われている。四人家族であれば五四〇〇万円を手にしたことになる。そこに住居や農機具、失業などの賠償金が加算される。その合計額は、「自主避難者[3-2]」と呼ばれる被災者たちが受給された額の約十倍をはるかに超えた数字に達する。

しかしいまや、その帰還困難地域がさらに二種類に分別される現象が起きている。二〇一〇年代後半以降、故郷への帰還を求める住民の要望に応えるかたちで、政府が帰還困難区域のなかに「特定復興再生拠点区域」という地域を設定し、そこだけを積極的に除染していく。そうすることで、二〇二三年春までに住民が帰還できるようにする方針が打ち出されたのである。

❖3-2　国は、放射線量が年20mmシーベルト超の地域を「避難指示区域」とし、住民を強制的に避難させた。しかしながら区域外にも高放射線量の場所はあり、住民は遠くに避難した。国の指示ではなく避難したため「自主避難者」と呼ばれる。

＊3-3　福島民有新聞社編集局『東日本大震災10年証言あの時』笹氣出版印刷株式会社，2022年，215頁．

いずれにせよ、それは帰還できる地域が選ばれると同時に、じつはすでに帰還不可能な地域があることを宣言するものであった。帰還困難どころではなく、もはや帰還が不可能な地域。それが、役人たちが「白地」と呼ぶ土地であった。事実、帰還困難地域では震災前の家屋は、戻るあてのない家主を待ちかねて朽ちるに任されている。他方、双葉と大熊に置かれた中間貯蔵施設について、三浦は次のように説明する。[*3-4]

私……のすぐ横には溶け落ちた核燃料を体内に抱え込んだままの「事故原発」という化け物が横たわっている。その周辺に広がる広大な敷地は、住民帰還の見通しが立たない〈白い土地〉と、撤廃後三〇年以内にはすべての汚染土を福島県外へと運び出す」という公然の「嘘」により、約一四〇〇万立方メートルもの汚染土が運び込まれる「中間貯蔵施設」……。

中間貯蔵施設[❖3-3]が置かれた〈白い土地〉にはどうせ戻れない。ならば、その場所に汚染土壌を置き、その見返りに補助金を得て、元の自然に戻れなくなった土地を積極的に活用することで、別のかたちでの町の復興を企てる戦略。それを実際に引き受けたのは、双

❖3-3　福島県内の除染に伴い発生した土壌や廃棄物等を最終処分までの間、安全に集中的に貯蔵する施設。――〔環境省〕

＊3-4　三浦英之，前掲書，254-255頁．

葉町と大熊町の二町。かつて「原発銀座」と呼ばれた町々ということになる。他の町民からすれば、恩恵に浴してきた分その責任も、ということになるだろう。

それは結局のところ、国からの交付金をあてにするプロジェクト誘致型の、旧来的な開発型「創造的復興」に立ち戻ることであった。旧居住者に届く懇親会の案内状にも、「中間貯蔵施設に協力して豊かな生活を」という文言が書かれて届くという。その典型が、福島復興再生特別措置法に基づく、福島県庁が主導してきた「福島イノベーション・コースト構想」であった。

その後、二〇一七年になってこの地域は「特定復興再生拠点区域」に指定される。すると、強引に避難解除された海岸部に、いまだ空き室の多い双葉町産業交流センターや、仮設アパート型ビジネスホテルのARM[★3-1]双葉[❖3-4]と並んで、〈東日本大震災・原子力災害伝承館〉[★3-2]が、現代風のコンクリートの箱物として建設されたのである。

そのまわりには、いままで放置されてきた瓦礫の処理がようやく進められ福島県全域から運び込まれた、汚染土嚢を詰め込んだ黒色フレコンバッグが積み上げられている。[★3-3]そ

❖3-4　公益社団法人福島相双復興推進機構(福島相双復興官民合同チーム)経営。

★3-1　ARM双葉

★3-2　原子力災害伝承館

う、ここが中間貯蔵施設の只中なのだ。福島県内一〇万ヵ所以上に仮置きされた幾千万袋ものフレコンバッグ[❖3-3]が、この二つの町に運び込まれた。

双葉町の現状を説明しよう。

二〇二一年に撮った写真[★3-4]が示すように、福島第一原発の作業員を除けば、そこには誰もいない。無人の双葉駅の西側には災害公営住「えきにし住宅」が建設され、ショッピング・モールの建設も予定されている。この住宅は二〇二二年秋から居住可能になったが、希望者は飯場の作業員が一名と聞く。

駅の東側は旧市街地なのだが、街に人が戻れるような状態ではなく、シャッターが下ろされている。地震でシャッターや屋根や壁が崩れたまま、その空き地に汚染土壌のフレコンバッグが放置されている光景が連なる。

住民たちは「近所で戻ると言う人はいないし、現実的には無理かと思う」と答えてい

❖3-3　除染で発生した土や草木などを集積する「仮置き場」が設けられ、中間貯蔵施設への運び出しが待たれている。その他のための大型土のう袋が「フレコンバッグ」で。1袋の重さは平均で1.6tという。

★3-3　フレコンバッグの集積

る。地域コミュニティが復元されるめどなしに、たとえ立派な住宅が用意されたとしても、そこで日常生活を営むのは無理であろう。簡単に言えば、信頼と地域コミュニティが根こそぎ失われたのである。

　こうした困難な現実にもかかわらず、あるいは困難だからこそというべきであろうか、住民を故郷に戻す段取、あるいは新居住者を移住させる算段は、政府によって着々と画策されている。たとえば二〇二〇年三月には、帰還困難地域区域を含む人びとに対する。住宅提供が打ち切られた。その結果、福島県の算出（復興庁の定義に依拠している）では、二〇二一年一月段階での県内避難者の数は三二六人しか残っていない。

　しかし、浪江町《なみえまち》で独自に把握する県内避難者は、実際には依然として一万二九三七人に上っているのが現状である。さらに現在、政府は全国に散らばった避難者数を三万五〇〇〇人台としているが、楢葉町《ならはまち》の〈伝言館〉と連動する「『非核の火』を灯す会」の算定によれば、強制避難指示が出された一二市町村の一四万五〇〇〇人のうち、六割近くの八万三〇〇〇人が故郷に戻っていないと発表している。*3-5

　こうしたことからも、政府によって事実として提示される数値を私たちが真に受けな

＊3-5　「非核の火」を灯す会『ニュース』no.6, 2022年6月.

★3-4　双葉駅と公営住宅

いことの大切さを、再確認することが出来よう。言葉をもたない現実への耳の傾け方もまた、まぎれもなき傾聴行為のひとつなのだ。

当然のことながら、「避難者は減った」という復興庁に対して、「数値のごまかし、そうして避難民はいなくなっているんだ」と「移住民」に呼び替えられた避難民たちは憤る。[*3-6]「避難民」から「移民」への名称の移行は、単に名前が変わっただけではない。肝心の住宅提供が受けられなくなったことを意味する。そうなれば、傷んだままの自宅が残る故郷に、環境や雇用に不安があっても戻らざるを得なくなる。かれらの帰還が実現すればするほど、政府は、震災以降の財政負担から解放されることになる。

人びとは、帰還条件が実際に整っていなくて戻るに戻れない状況下にあっても、そうしたお金の圧力から、無理やり戻らされて、復興という名のもと、実績を示す数値として組み込まれてしまう。そもそも中間貯蔵施設の設置が、町民たちとの議論を十分に経たものでなかったことは、『あれ、ほとんど話し合いなんかしてないんですよ。あ、決まったの?って感じですよ』と、町民自身から幾度も指摘されている。[*3-7]

＊3-6　青木美希『いないことにされる私たち――福島第一原発事故10年目の「言ってはいけない真実」』朝日新聞出版, 2021年, 70頁.

＊3-7　日高友郎ほか「『大熊町の私』から『私の中の大熊町』へ――故郷の構造的な喪失と希望の物語の生成」辻内琢也／トム・ギル『苦難と希望の人類学――分断と対立を乗り越えるために』明石書店, 2022年, 338頁.

そもそも、年間積算被爆線量の許容数値を一㎜シーベルトから一挙に二十倍の二〇㎜シーベルトに引き上げたときの、政府の示す数値の定義の変動を目の当たりにして「基準って何だろう?」と思った人も少なくないことだろう。それに伴い除染も二〇㎜シーベルトになれば済んだことになり、当該地区の避難指示が解除される。それは、新たな被爆を誘発させる政策に他ならないのではなかろうか。

現実は語られ方によって、その映し出された姿は形を変えていく。現実そのものは、けっして、固定されたひとつの実体として認識可能なものではない。どのような解釈も可能な、流動的なものとして認識されるに留まるものだということを、忘れてはなるまい。

〈東日本大震災・原子力災害伝承館〉は、中間貯蔵施設に運ばれるフレコンバッグに囲まれたエリアにある。そこに隣接するビジネスホテルARMを観てみよう。

ホテルといっても実際は、飯場のようなものである。第一原発に働きに行く人たちと、無人の駅前に建てられつつある住宅地や、原発関係の出張労働者たちで満員の飯場。視察に来た東電の人たちが泊まるホテル。その食堂に、向き合った椅子はほとんどない。[★3-5] 労働者たちの朝食は五時半。夕食は六時。いずれもバイキング形式。夕食のあとは自分の部屋に戻って、酒を飲んでひとり寝る。

どうして労働者たちは、互いに孤立して生活するように仕向けられているのだろう。それは、同じ飯場で同じ内容の作業をしていても、手元に支払われる給与は人によって千差万別だからである。東電と労働者とのあいだに存在する何社かの仲介会社によって、幾重にも手数料が抜かれている。労働組合がないので、会社に中間搾取され放題とも言われている。だから、各人が手にする給与額の情報交換がしにくいように、作業員同士はできるだけ引き離されているように見える。

一泊朝食付き九五〇〇円。福島浜通りのビジネスホテルとしては、結構な値段である。労働用の長期契約をすれば、かなり割引されることだろう。それでも、給与を少しでも家族たちのために蓄えようと、作業員たちは富岡町《とみおかまち》内の一般住宅で共同生活をする者が増えている。帰還困難地域から解除された区域が増えたため、単身赴任者の労働者たち

★3-5　双葉ARMの食堂

が住むには手ごろな物件が沢山あった。★3-6

なぜならば、帰還困難地域の指定が解除されても、地域のコミュニティが復活しておらず、東電がらみの放射能除染や原発がらみの仕事しか存在しないため、避難民たちは戻るに戻れない状況にある。そこで空き家になった住宅を、東電およびその関連会社が一括して借り上げ、各住宅に面識のない作業員たちを集団で生活させているのだ。

仙台からいわき市にかけての常磐線沿線の地域は、放射線量が高く帰還困難地域になっている双葉と大熊を除けば、ちょっとした人口過密の通勤地帯になっているのだ。事実、住民票を浜通りに移した作業員もいることもあって、避難解除に促された帰還計画が現実よりも進んでいるようにも見えるのだそうだ。だから、総理大臣の安倍晋三は、常磐線の全面開通を高らかに告知する。

「来週いよいよ、JR常磐線が全線開通致します。それを控えて発災以来、町全体で避難が続いていた双葉町で避難指示が解除され、本格的な復興に向けて大きな一歩が踏み出されました。本日、常磐自動車道・常磐双葉ICが開通しましたが、政府はこれまで復興の基盤インフ

★3-6　富岡町の夜間滞在施設

ラの整備に力を尽くして参りました。……福島の復興なくして日本の再生なし。この考え方のもとに福島が復興するその日が来るまで国が前面に立って全力を挙げて参ります」

実際には、福島全域からこの六号線に流れ込むかたちで、汚染土壌のフレコンバッグを満載した車両、除去作業関係の重機、さらには作業員たちを積み込んだ車が殺到する。それでも道路は、汚染土壌の運搬に最低限必要な六号線一本しか開通していない。いつになっても、国のお金を当て込んだ上からの開発や土木作業。

そこに東京オリンピックの開催が重なる。「放射能は完全コントロール」とは安部首相の談話である。いったい、どこの地域が完全コントロールされているというのだろうか。東京だろうか？ それとも大熊や双葉も完全コントロールされているというのだろうか？

その談話のなかで「原発」という言葉を一度も使わない使わない安部首相。二〇二〇年三月七日の浪江町の〈福島水素エネルギー研究フィールド〉開所式で彼が談話を発表した場所から、福島第一原発まではわずか八㎞。排気筒まではっきり見える目と鼻の先だ。それほど目の前にあっても、無いことにされる。

その光景は、長崎の被差別部落でも観たことがある。市民でさえ足が向かわない被差別部落の墓地での……あるいはデ・ジャヴ――既視感という名の錯覚なのだろうか。

双葉町と富岡町　匿名の展示ナラティヴ

〈東日本大震災・原子力災害伝承館〉の設立趣旨は、入口に置かれた横幅八m近いスクリーンに映し出された映像とともに、福島県出身の俳優、西田敏行による福島訛りの、味のあるナレーションによって次のように語られる。[*3-9]

誰もが発展を求めた高度経済成長の時代、この地域に原子力発電所が誘致された。この地で作られたエネルギーは、福島だけでなく、首都圏の発展を、そして日本を支えた。しかし、その数十年後、地震と津波に襲われた原発で想定外の事故が起き、多くの人が避難を余儀なくされた。地域は大きな苦境に立たされるが、それでも、県民の強い思いに支えられ、今まさに復興

*3-9　小松理虔『新復興論 増補版』ゲンロン, 2018/2021年, 416頁.

の途上にある。そこには、当然光も影もある。だから、これらの未来のことを皆さんと一緒に考えたい。

展示の目的が〈東日本大震災・原子力災害伝承館〉という名称に明確に託されているとすれば、もとより地元の歴史を伝承することに目的は置かれていないのかもしれない。「双葉町や大熊町のそもそもの歴史に触れることなく、いきなり炭鉱町から歴史が始まっている」展示は、小松の言うように「この伝承館の伝えたい歴史は、エネルギー産業を受け入れた『後』の歴史なのだ」ということを如実に示している。そして「この伝承館には、追悼、慰霊の概念が抜け落ちているのだ」という[*3-10]、小松の根本的な問いにはどう応える気なのだろうか。

また、津波の犠牲者に関する言及がほとんどないのも気になった。伝承館が建っている双葉町の津波被害に関する説明もない。再生拠点として生まれ変わる前、この場所はどういう土地だったのか。どのような暮らしがあったのかわからないので、犠牲についての思いを馳せることもできない。

＊3-10　小松理虔，同書，419頁．

松川浦の〈相馬市伝承鎮魂祈念館〉〔本書七七頁〕を振り返ってみよう。そこにはかつての街に賑わいが写真で想起できるように展示されており、近くには浜の駅で地元の海の幸に舌鼓も打てる。入口にも敷地の庭にも追悼施設があり、目の前の海を見ながら、訪問者は犠牲になった人びとに思いを馳せることができる。

また〈とみおかアーカイブ・ミュージアム〉であれば、原始古代からの町の歴史が具体的な資料に基づいて描かれ、東日本大震災については、町民の避難のために富岡駅前などで活動し殉死した二名の警察官の乗っていた、潰れた「被災パトカー」が、その移転の歴史とともに、町民の思いを載せて展示されている。★3-7

他方、双葉町の〈伝承館〉には相馬市のような地元の物産品はない。富岡ミュージアムのように、その地域の過去の歴史がほとんど扱われていない。鎮魂に至っては、請戸《うけど》地区に隣接しているにもかかわらず、何も言及がない。それだけ何も印象に残られない、とりつくしまのない展示なのだ。

この組織は計五三億円の事業費を実質全額を国が支出して、福島県が建設したものだ。

★3-7　「被災パトカー」の展示

直接には、国の職員も出向する公益財団法人「福島イノベーション・コースト構想推進機構」が管理・運営する。小松によれば、語り部は現在二九名ほど登録。日替わりで配置され、原発事故にまつわる避難生活や津波の被害について、自己の経験に基づいて語る。

研修が年二度ほどあり、機構と伝承館による『伝承館語り部活動マニュアル』が配布される。「特定の団体、個人または他施設への批判・誹謗中傷」を内容に含まないことが指導されている。「口演者が回答することが適当ではない質問はスタッフがフォロー」とも書かれている。特定団体を批判した場合、語り部から外されることもあると説明を受けている。当然のことながら「加害者である東電や、国を批判的に語れないのはおかしい」「自分の思いを伝えることが批判に当たるならば、語り部を辞める」という声も上がった。[*3-11]

＊3-11　菅豊「災禍のパブリック・ヒストリーの災禍」『災禍をめぐる「記憶」と「語り」』ナカニシヤ出版，2021年，118-120頁．

この〈伝承館〉およびそこで語られる物語には、根本的な欠陥があるように思われる。目の前の学校（震災遺構浪江町立請戸小学校）で全員が無事避難した子供たちの話、そして請戸の海で置き去りにされて亡くなっていった人たちの物語には、一切、触れられていないのだ。眼下には、あの津波で半壊した家屋が数軒、十年以上たってもがさやぶ（福島弁で藪の意）のなかに残されている姿がある。[★3-8]

双葉町の北側に隣接する浪江町請戸地区に起きた悲劇はよく知られるところである。東日本大震災が起きた三月一一日、浪江町の海岸部も高さ一五・五mに達する巨大な津波が襲った。その呑み込まれた様子を、自身が被災した町民の一人は次のように語っている。[*3-12]

何のことかと思いながら車を走らせていたら、天井も何もワーッと波がかぶさってきたのさ。まるで車で岸壁から、ドカーンと海の中に飛び込んだような感じで、車の中生は水でガボガボ。いやあ、ひどかった。海の中でハンドルを握っているようなもんで、そのまま車が逆さまになったり、ひっくり返ったりして、水をがぶがぶ飲んだよ。「ああ、こんなになって死んでしま

★3-8　伝承館の眼下の風景

＊3-12　NHK東日本大震災プロジェクト「浪江町――津波と原発事故に引き裂かれた町」『証言記録 東日本大震災』NHK出版，2013年，464-465頁．

うのかな」とって思ってた。そしたら波がバーッと引いて、ああ、助かったなと思ったんだ。あきらめたもの、真理の姿は見えないし、俺のおっかあは車の中で死んでいたし。……本当のこと言って、こんなになったから死にたかったもの、俺も。

結果として、浪江町全体で一八四人の死者および行方不明者（うち行方不明七一名）。なかでも海岸に接する請戸地区では、住民の死亡率は四割、行方不明者以外に死者一二九名にのぼった。浪江町は、隣の双葉町に比べて低い土地が多く、避難先の大平山霊園までの距離は二kmに及ぶ。全員が避難に成功した請戸小学校の子供たちは、途中でトラックに出会い、その二kmを走り抜けることが出来た。

しかし、その後を追うように氾濫した津波は三km先まで広がり、そこに至るのすべての地域を水面下へと呑み込んでいく。それが六四四戸に及ぶ全壊家屋の数である。半壊の数は、とてもではなく数えきれなかったと言う。そのうち津波による流失が、地震による五八戸に対して、約十倍を超える五八六戸を数えているのが、津波被害の甚大さを端的に示している。

本来、〈東日本大震災・原子力災害伝承館〉は、先に見た〈石巻南浜津波復興祈念公園〉や〈高田松原津波復興祈念公園〉と同じく〔本書四四頁〕東北国営公園事務所の国営追悼・祈念施設の一環である〈福島県復興祈念公園〉に隣接して建てられるはずのものであった。そしてまた、この祈念公園が双葉町だけでなく隣町の浪江町にまたがって造成されている施設だということを、私たちは見逃してはならない。

目の前の請戸海岸には[★3-9]、二〇一一年三月一一日の晩には、いまだ生きて海中に取り残された人たちが多数いて、そのうめき声、助けを求める声が聞こえていたことが、いまも、この地区にいた人びとの記憶には生々しく残っている[*3-13]。

同僚、町役場職員、地元消防団とともに瓦礫やぬかるみの中を救助にあたった。冷たい浜風、川の流れる音。それにまぎれ、人の呻き声や「助けて」という声が聞こえる。歩けばあちこちに人がいて泥まみれになっていた。何人も救助し、体力は限界に近づいていた。
「なんでこうなったんだ、どうしてこうなったんだ」とつぶやくばかりで受け答えができないほど混乱した高齢の女性が、道路で泥まみれになり、うずくまっていた。……田んぼは湖のよ

★3-9　請戸海岸

＊3-13　吉田千亜『孤塁』岩波書店, 2020, 27頁.

うになり、胸まで泥水に浸かって移動するしかない。……最初に救助したのは、意識は混濁していたが、呼吸のある男性だった。二人目に見つけたのは、流された船につかまっていた男性、上着は着ていたが、ズボンは水圧で流されてしまっていた。男性は「気がついていたらここに流れていた」と話していた。

三月一一日の夜九時に捜索活動はいったん終了したが、「明日、早朝からまた助けに来なければ」と、救助員たちは当然のように考えていたのである。しかし、その翌日、第一原発がまさに至近距離で爆発したため、海岸の人びとは、生きたまま置き去りにされることになった。

その鎮魂の場をもうける施設でなければ、この地域に設立する意義はないと言えるだろう。しかし、ようやく二〇一九年に工事が着手されたに過ぎず、中間貯蔵施設を含め、東電と政府の意向に依然依存せざるを得ないこの地域で、原子力災害で犠牲になった人たちを鎮魂できる公園化が進められているようには思えない。実際に現地に立ってみると、予定地の多くの場所は、いまだ雑草の生い茂った荒れ地のままである。

東日本大震災・原子力災害伝承館で、浪江町から来たタクシーに乗ったときのことである。運転手が親切に話しかけてくれて、会話が弾んだ。しかし私が『運転手さん、今日で震災十年だよね』という発言を不用意にしたとき、車内の雰囲気が大きく変わってしまった。

十年？　誰にとって？　あんた、どっから来たの？　京都かい。俺さあ、被災地に戻って四年なんだよね。七年間ずっと外にいたんだよ。だから、俺にはまだ四年なんだ。でね、俺、親父とお袋と一緒に津波で流されたわけさ。津波で流されてここにぶつかって助かったんだよ。助かったから良かったけど……。

彼が案内してくれたのが、浪江町の大平山霊園にある、一八二名の犠牲者の名を刻んだ〈浪江町東日本大震災慰霊碑〉だった。『ここで拝んでやってくれよ。町の人が眠ってんだよね。安倍総理が作ってくれたんだけど、なんちゅうのかなあ……』――。常磐自動車道を開通させようが、東京五輪を実現させようが、現地の人びとの苦しみにとって、首相の自負心は役に立たない。

富岡町にある〈東京電力廃炉資料館[★3-10]〉に足を運んだときのこと。
入場するや否や案内された巨大スクリーンに、いきなり謝罪の文字が映し出された
――「原子力事故の記憶と記録を残し、二度とこのよう事故を起こさないための反省と教訓を社内外に伝承することは、当社が果たすべき責任の一つです」と。東電も本当に反省しているのではないか。展示主体の明らかではない〈東日本大震災・原子力災害伝承館〉の展示を見てきた後だけに、冒頭から謝罪主体を明示する謙虚な姿勢には、いささか拍子抜けとなった。
しかし、展示を注意深く見ていると、反省しているのは福島第一原発の事故に限ったことであり、政府と一体になって推進してきた東電の原発政策そのものに対する反省や謝罪ではないことが、わかってくる。そもそも、この展示館がもともとは「エネルギー館」と呼ばれ、東電がこの地域の原子力政策を推進するためのイデオロギー戦略の拠点

★3-10　東電の廃炉資料館

になっていたことには、なにも触れられていない。

そして大熊町の例だが、次の発言はこの浜通りの地域にとって原発が地域経済のみならず文化を振興する「近代文明」として君臨してきたことを如実に物語っている。[＊3-14]『正直、原発を恨みたいっていう気持ちもありますけど、複雑ですよね。旦那が原発で働いているので、恨むに恨めない。自分も、結婚して子供ができるまで原発関係に勤めていたわけですからね』『もう生まれたときから原発があるので、原発があって当たり前だし、ないということを考えたことがなかったかじゃないかと思います』という言葉は、原発マネーによって、出稼ぎが不可避であった寒村から脱出できた人びとにとっては、偽らざる気持であろう。


〈廃炉資料館〉では必ず、展示の説明を案内する職員が同行する。

私が最初に訪れた折は、若い女性職員だった。尋ねてみると、地元で採用された職員とのこと。第一原発事故に責任がなく、むしろ被害者の立場であった女性が、地域に戻りたくてここで働いているようであった。ある程度、人が戻れる富岡町であるが、その

＊3-14　NHK東日本大震災プロジェクト「大熊町——1万1千人が消えた町」『証言記録 東日本大震災』NHK出版, 2013年, 397/421頁,

地のショッピングモールの様子から、少なくとも二〇二〇年段階では、家族連れで戻っている例は少なかった。被爆の懸念からなのであろう。彼女もまた、周辺の町からこの職場に通っていることを教えてくれた。

彼女の後ろには、展示案内の最初から最後まで、上司であろう年配の男性が付いていて、ときどき彼女に、どのような展示を見せるかを指示していた。その人物の声がはっきりと聴き取れたのは「排水」という言葉であった。トリチウム汚染水の海への放水のことである。その展示を最後に見せることを忘れるな、という指示であった。当然、かれらは「汚染水」とは言わない。その排水は浄化されたものなので海に放出しても安全だ、という説明を録音音声によっておこなっていた。ちょうど、常磐灘で奇形の魚が見つかって騒ぎになっていた頃である。

いつの間にか展示指導をしていた上司の姿は消えていた。私の目の前には、地元出身の、何の責任もない、むしろ被害者でありながら、そこで働かなければ地元に戻れない、若い女性が立っているだけだった。こうして、弱い立場の人間が矢面に立たせられている。故郷へ帰りたい思いさえもが、東電によって買い叩かれる理由となっていた。

そんな複雑な思いを胸に抱え込んだまま、私は展示館を後にすることになった。そして、そもそも私たちの社会というものは、こういうふうに誰かを犠牲にしながら、自分たちの社会秩序を作ってきたのだな、と考えるようになった。禁忌《タブー》とは、存在していても見えないいことにされたものを指す。その存在を明らかにしようとする者は、みずからを侵す者として、自身の存在が社会のなかで禁忌《タブー》と化されていく。

犠牲になった地域は、社会のマジョリティの人たちからすれば、自分たちの罪悪感に触れる存在だから、思い出したくない存在となる。彼らは社会の維持にとって不可欠な存在であるにもかかわらず、社会にとって必要悪の存在として、意識の外へと押し出される。

事故以来この野々山のすべてに放射能が降り掛かり降り積もり、その放射能は除去もされずに放置されている。今後一〇〇年経っても二〇〇年経っても、この風景が元に戻ることは決してあるまい。福島原発が爆破し破綻したあの日から、見渡す限りの阿武隈高地の山々は死んでしまったのだ。

葛尾町在住の詩人、亡き小島力の言葉ほど、現実を踏まえた未来の希望へ歩みを進めるための励ましの言葉はあるまい[*3-15]。いま必要なのは、あいまいな幻想と期待に満ちた現実逃避的な希望ではなく、現実の状況を的確にふまえた逞しい認識力なのだ。

富岡町の桜の名所、夜の森を視てみよう〔本書・i頁〕。いまだ、その多くの部分には住民も立ち入ることはできない。その一部が二〇二三年には避難解除されることが決定して、ふたたび戻る意向をもつ住民たちが自宅の手入れに頻繁通うようになった。以前から知られていたことではあるが、その家の大半は窓を叩き割ることで鍵がこじ開けられて、すでに泥棒が入り込んでいた[★3-11]。貴重品の盗難はもとより、二次災害として野生動物たちが家屋に浸入して、家に棲みついたり、糞をまき散らすのだ。それはそれは、臭くてどうにもならないものだと言う。「よりによって被災者の家に盗難に入るなんて……」と、住民は嘆く。そんな悪事をはたらくのも、人間の紛れもない本性のひとつなのだ。

もはや中間貯蔵施設の地域に戻る旧住民としての自分、すなわちは「大熊町の私」は想像できないかもしれない。しかし、だからこそ、現実の故郷喪失者であることを受け

★3-11　夜の森の荒らされた住宅

＊3-15　小島力『故郷は帰るところにあらざりき――原発避難10年の闘い』西田書店, 2021年, 218頁.

入れたときにこそ、「私の中の大熊町」が想像可能になるのではないだろうか。[*3-16]
その点で、認知症を患った富岡出身の老人の言葉ほど、かれらが戻りたいという故郷の本当のありかを明示する者はなかろう。[*3-17]

ある人が、『富岡に帰りたい、帰りたい』と言って、富岡に帰ります。しかしあれが変わった。これが変わった。あるものがない。『ここは富岡じゃないよ』と言う。そうしてね、富岡に『帰りたい、帰りたい』と言い出す。

そう、この認知症を患った老人の発言は、現実の場所には心の置き場のなくなった故郷が、心のなかへ移し替えられていくさまが読み取れる。だから、たとえ福島県内にいなくても、東京においても、九州や北海道においても、あるいは海外においても、故郷は想起可能なものとなる。
結局のところ、被災地の人のうち、ある人は被災地に家を建て、ある人は元のところに戻り、ある人は別のところに行く。その選択について、第三者が是非を論じるべきこ

＊3-16　日高友郎ほか，前掲書．

＊3-17　古川日出男『ゼロエフ』講談社，2021年，127頁．

とではないだろう。それが、その人が選択した故郷であるならば、あらゆるところが故郷になる可能性を有する。どこが戻るべき故郷なのかという問いを、具体的な場所に求めて一律に尋ねることじたいが間違っているのである。

この全体化しきれない残余あるいは余白を、本書では〝心の秘密の部屋〟（デリダにならえば「地下の埋納室《クリプト》」）と呼び表してきた。次第では、先の青髭と夕鶴の物語に続いて、怪談《牡丹灯籠《ぼたんどうろう》》のお露と新三郎の物語に目を向けていくことにしよう。

浪江町

姿なく漂う悲しみ

二〇二〇年頃、東京のキー局から流れたニュースに、こんなエピソードがあった。

かつて近辺の人びとの海水浴場としてにぎわった場所、仙台市荒浜地区の深瀬海岸★3-12。二〇一一年三月一一日の東日本大震災から、瓦礫が海底に沈んでいて危険という理由で、遊

★3-12　遊泳禁止だった深瀬海岸

泳禁止であった。それがここにきて、近く海水浴が解禁になるとして、都会から来たテレビのアナウンサーがインタビューに来たのだ。

若いインタビュワーが無邪気に尋ねた――『死者が沈んでいる海ですよ。気持わるくないんですか？』と。テレビの前で私は耳を疑った。老人は淡々と答える――『なにが気持わるいんでしょうか。わたしの孫がここには沈んでいます。自分の孫と一緒に泳いで、なにが気持わるいんでしょうか』。

震災半年後くらいからであろうか、宮城・岩手の海岸部に「幽霊を見た人が多くいる」という噂が広がり始める。二〇一三年八月二三日にはNHKでスペシャル番組「東日本大震災」として〈亡き人との〝再会〟――被災地 三度目の夏に〉という、死者に出会ったエピソードを再現するドラマも放映されている。その後、七、八年過ぎたころからであろうか、「幽霊が見られる」という噂はほとんど聞かれなくなった。一般には――それが妥当な解釈かどうかは別として――宮城・岩手の海岸部では震災直後の損傷からある程度は立ち直って、生活が安定し始めた人びとが増えたためとも言われてきた。

ひるがえって福島の海岸部では「幽霊を見た」という噂は、まったくといってよいほど聞かれなかった。それもそのはず、多くの場所が帰還困難地域に指定された福島海岸部では、住民たちはすべて避難せざるを得なかった。聴き手がいなければ、社会的なつながりを失った声は、翻訳不可能どころか、存在していないも同然のものとなる。となれば、視る者がいなければ幽霊たちも、その存在をアピールしようがないことになる。福島における「幽霊不在」の議論は、実のところ、死者側の存在の有無が問題ではなく、なによりも「生者不在」を物語る問題であった。

たとえば、大本信徒連合会[❖3-6]の人びとはこれまでも、被災地の海岸部でさまよえる霊魂を鎮魂してきた。なかでも福島県大熊町出身の草野一也は、岩手県の宮古から始めて、故郷の大熊に至る何十ヵ所という場所で、毎月、被災地慰霊祭を執りおこなってきた。草野は現地での慰霊の様子を、次のように語っている[＊3-18]。

現地に着く三十分前くらいから、自分の体にいろんなことがある。足がちょっと重くなって、祭典中にはもう腰も重くなってくる感じ。しかし、祭典が終わった時点ですうっと元に戻る。

❖3-6　大本は、1890年代に出口なおと娘婿の出口王仁三郎が興した、神道系の新宗教。現在、複数に分派し、そのひとつが信徒連合会。

＊3-18　藤井盛「震災慰霊祭を草野一也さんに聞く」『愛善世界』2016年9月号, 81頁.

霊《みたま》さんたちは、私たちが来るというがわかっているのではないか。慰霊祭に来れば、救ってもらえるというのがあるのではないか。

かれらによれば、福島県の海岸部では、人の形を失った霊の群れが無数にうごめいているのが見えるという。だとすれば、福島海岸部には岩手・宮城両県と違って幽霊が出ないという認識は間違っていることになる。被災地で幽霊を見る人間がいないということは、そもそも祀る人間が——さらにいえば、そもそもそこに住んでいる人間が——存在しないことを意味する。

不幸な、望まぬ死を遂げた死者たちだけでなく、生き残った者もまた、故郷に戻れないという悪条件に追いやられたために、その死を悼む儀式を執りおこなう機会がまったく得られないままに来たのである。

住民が不在であるために、幽霊という姿をとることもできない段階にとどまった〝悲しみの感情〟が漂っている、と見るべきだろう。だから「形がなくて蠢いてるように見えた」のだという。それに形を与えるのが鎮魂儀礼である。その結果、悲しむ霊たちを成仏させることになると感じられるのだ。
次の言葉が、一ヵ月以上遺体を放置されてきた遺族の偽らざる本音であろう。[*3-19]

冷たい水の中にね、何か月もいたのかと思ったら本当にやりきれないないという気持ちです。私たちは被災しても、きちんとした生活をさせてもらうことができていたので、そのときに二人は冷たい海の中にずっといたのかなって思ったら、やっぱり申し訳なくて。だから、ごめんなさいとしか言えないです、本当に。見つけてあげられなくて、ごめんねって。

こうした原発に支配された「世界」は、いったい、誰が作り出したのであろうか。沢田研二は二〇一四年のミニアルバム《三年想いよ》[★3-13]に収録された〈一握り人の罪〉という楽曲〔作詞：沢田研二〕のなかで歌う。

昔　海辺の小さな　寂れかけてた村に
東電が来て　原発早く作りたいと……

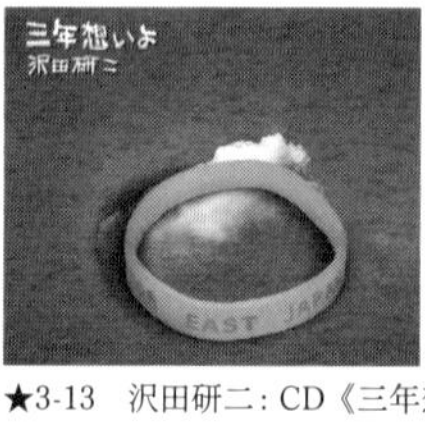

★3-13　沢田研二：CD《三年想いよ》

＊3-19　NHK東日本大震災プロジェクト，前掲書，484-485頁．

東電側も信じた　受け入れ側も信じた
安全神話鵜呑みに　一握り人の罪
海が命の漁師は　海が死ぬのを恐れた
村はいびつに裂かれた　一握り人の罪
嗚呼無情

『本当に東電は悪いよね、あと政治家とか、福島をこんなにしちゃって、とんでもないよね』——一握りの人の罪だと言いつつ、私にはどうも、ジュリーが本気でそう言っているようには聞こえないのだ。むしろ「そう言ってるあんたは誰だい？」と、こちらが訊かれてるような気がする。「一握り人の罪」と言っている私たち自身が、そこから電気をもらい、仕事をもらう。そうすることで生活が潤うことを肯定してきたではないか、と。むしろ、「一握り人の罪」と言って済ませようとしている私たち皆の罪なのではないかと、自分が立ってる構造も含めて問題にしているように思えてならない。

そこでは、戦後日本社会が謳い文句にしてきた「主体性論[❖3-7]」などは説得力を持ちようもない。自覚さえすればこうした悪から救われるという「人間性善説」も成り立ちようがない。むしろ、ハンナ・アーレントが〈凡庸な悪〉と呼んだ精神構造――「いやぁ、命ぜられたことに従ったまで。上司の言ってるとおりにするのが、いい部下の仕事ですから」――が、現代日本社会のなかに広く浸透している。

こうした雰囲気のなかで、〈凡庸な悪〉に感染しないようにするにはどうすればよいのだろうか。そこには、「人間の不平等さ」という現実が前提とされたうえでの、「そこに、どのような批判的発話を挿入するべきなのか」という視点が必要になる。「人間は平等であるべきで、少なくとも自分はその周囲ではそうした世界を実現している」という信念は、幻想の世界を立ち上げ、現実のありのままの姿を隠蔽してしまう。

〈凡庸な悪〉と向きあう契機、私の場合にとっては、それは東北の被災地だった。誰か〝謎めいた他者〟に負い目を感じる、そう感じていることを意識するということが、最初の第一歩として鍵を握るのではないだろうか。

❖3-7　個人の「主体性」を重視する主張が展開され、経済決定論を説くマルクス主義や、組織の規律を重んじる共産主義運動への批判から、雑誌『近代文学』などを中心に，哲学や歴史学などの分野で論争〔1946-49年〕が生まれた。その代表的な論客が、政治学者の丸山真男。

以下、それに対する批評的構え（および批判的発話）について少し考えてみたい。〝謎めいた他者〟は、人間の無意識をコントロールする扱い難い存在でもある。それがヒットラーやスターリンといった独裁者の形象をとって現れることもある。しかし、かれら個人はしょせん社会構造の操り人形にすぎない。問題は、その社会構造が私たちにどう影響を及ぼしているのか、を明らかにしていくことにある。

たとえば被災地では、死に触れるという経験が頻繁にもたらされた。その経験は人間の精神を危機に追い込むが、それを通り抜けていくと、徐々に、自分たちを取り巻く日常世界に対する批判を可能にする視点をもたらした。

田老町の或る女性は、いまは亡き夫と父親の眼差しに触れることで、日常生活に対して違和感を覚えるようになった。かれらの死の瞬間を思うことで、その死に身を浸さざるを得ない。そのことで、私たち生者もまた、現実の生者の「世界」を対象化する眼差しを身に着けることができるようになる。

そうすることで私たちは、自分を「生者の世界」だけに押し込むことが困難になる。そこからはみ出た〝余白〟に侵犯されながら、絶え間なく、現実世界を相対化する声々が響いてくる。本来「居場所」とは、こうした種々の立場の主体同士が交わる場所であり、余白を持たない完全な合致などが起きるはずもない。

たしかに現在では、社会というものは、生者としての人間同士が交わる場として想定されているが、生者と死者、そして人間と動物や社会が交わる「アクターネットワーク」といった視点も〔ブルーノ・ラトゥール〕、これからは必要になることだろう。そうした視点からすれば、もはや自然の支配者ではない人間は、その人間中心主義という自意識ならびにその行動様式に対する報いを、自然から、大災害のようなかたちで受けることも当然のことと言える。

批評*criticism*とは〔エドワード・サイード〕、このような違和感を自分の所属する場所に対してもつことだと思う。たとえ、それが地理的には「故郷」と呼ばれる場所であってもだ。それがないときに、福島第一原発に汚染されるような悲劇が起こる。

故郷とは、震災以降、多くの被災地では「回帰すべきノスタルジアの場」として一方的に語られているが、しがらみのなかで、反東電的な見解を口にすることを封じる場として機能して来たことも忘れてはならないだろう。自主避難の人たちを「故郷を見捨てた」と非難するその故郷は、かれらの故郷。避難先で「放射能汚染が感染する」と拒否するのも、かれらの故郷を守ろうとする人たち。故郷もまた、そこに同化する人びとを受け入れると同時に、異質な人びとを弾き出そうとする両義的な場所なのだ。

　だから、故郷についてもまた、現実の場所から一度は離れ、「故郷のなかの私」から「心のなかの故郷」へと、体内化を引き起す必要がある。否応なしに故郷は、異なる場所に移らざるをえなくなった住民、あるいは戻ったものの中間貯蔵施設というまったく異なる環境に置かれた住民、かれらの心のなかで違和感を醸し出す体内化を引き起こさざるをえないものなのだ。

小此木啓吾は悲哀を「失った対象とのかかわりを、心のなかに再生し、その対象との間での内的なかかわりを続けること」と定義した。一方で、そうした〝喪の行為〟をおこなうことが困難なタイプの人間もいることも指摘する。それは「悲哀」の対象である死者への感情に呑み込まれ、その別離の切なさに耐えきれず、あの世に自分の魂が連れていかれることと同じである。

その様子をくまなく示す物語が、怪談《牡丹灯籠《ぼたんどうろう》》である。

ある日、江戸の旗本屋敷で美しい娘お露と、浪人の新三郎が出会う。二人は激しい恋に陥るがやがて別れが訪れる。新三郎が自分のもとを訪れることを待ちかねたお露は病にかかり、没してしまうのだ。ほどなく幽霊となったお露が新三郎の長屋を尋ねるようになる。その魅惑の虜になり、夜な夜な逢引きを重ねる新三郎。実はお露は新三郎を取り殺して、あの世に連れ去ろうとしていたのである。問われるべきは、異界の者との恋は、当人たちがいたって誠実であっても、その命を奪う結末にしかならないものなのかというところである。

ようやく正気に返った新三郎のために、長屋の人々がその部屋の周りにお寺のお札を貼る。その晩もお露は牡丹灯籠を下げて、新三郎に会いに来るが、そのお札があって入ることができない。自分を新三郎が見捨てたと知ったお露は「いまに見ていろ」と部屋の外で地団太を踏む。

潔斎の終わる最後の日、お露の策略に引っかかり、夜明けを告げる鶏の声がしたと勘違いした新三郎が襖を開けてしまう。なんと、いまだ夜は空けていないかった。「ぎゃーっ」という壮絶な声。慌てて、長屋の人々が駆けつけてみると、その部屋の壁には一面に血しぶきがあった。

お露は見捨てられた者の怨念。新三郎は見捨てた者の罪悪感を体現した存在。同じ人間には二つの感情が、両義的なものとして存在する。裏切った後ろめたさと、裏切られた恨みである。

そこでは、親から虐待を受けた子供たちの経験と似た心理機制が看て取れる。「お前は罪だ」「お前は迷惑だ」という呪いの言葉が地下室に入り込んで、自分自身が「私は罪深い人間だから、他者（世界）は私を罰するのだ」という自己否定の感情（侵入自己）に憑依されてしまう[*3-20]。

そのため、本来は〈侵入自己〉を作り出した原因である親や社会に対して向けるべき攻撃性を、自己に向け、親の呪縛のもとに自分を攻撃し続ける強迫観念にとりつかれてしまう。あるいは、傷ついた自分に心を寄せてくれる「かけがえのない相手」に向かっ

＊3-20　長谷川博一『子どもたちの「かすれた声」』日本評論社, 1998年, 132-135頁.

て、その信頼の誠を確かめるために攻撃を仕掛けてしまう。そんな癖《へき》をもつのだ。

相手の誘惑を拒みつつも、その誘惑に乗ってしまう。それは、矛盾を抱えつつも微妙なバランスの上に立つダブル・バインド状態の破綻を意味する。それがお露と新三郎の関係、さらには与ひょうと夕鶴の関係、あるいは青髭と娘の関係。不信感の悲劇、そして自傷行為。

それは地下室に埋め込まれた台本として何度でも繰り返されることになる。そのなかで、精神分析で論じられてきた〈解離 *dissociation*〉という心的現象が起こる。統一した人格であるべき主体が、あまりにひどいトラウマを被ったために、お露と新三郎、与ひょうと夕鶴あるいは青髭と娘として、別人格として〈分裂〉を引き起こしてしまう。分裂した両者が、そのはざまにある自己を両側から攻撃するものだから……始末に負えない。

この観点から見れば、お露は、解離した攻撃機能が人格として形象化したもの。新三郎は、罪悪感を抱え込んだ自我ということになろう。

その意味では、お露こそが、〈体内化〉した埋納室からの異質な声を届ける使者あるいは死者ということになる。もともとこの物語には伏線がある。新三郎が病いに臥せったお露を見捨てたため、絶望したお露が死んで怨霊になった、という経緯があった。

新三郎の長屋が、自我の住まう〝秘密の小部屋〟。そこから排除されたお露は再三、小部屋に入ろうとノックする。本来ならそこで、分離した攻撃的な人格形象を手厚く弔い、ふさわしい居場所を提供してあげる必要があった。それは新三郎の長屋なのであろうか？お露の墓なのであろうか？　はたまた彼女が彷徨う暗闇なのであろうか？

ひとつの主体がお露と新三郎へと分離するに至るまでには、自分の無力さと罪悪感を引き起こすような体験が――個人史においては、両親によって与えられていたネグレクトのような虐待が――あったと考えられる。そこでは家や故郷という'heim'が一転して、子供を苛《さいな》ませる'unheim'なものに転じてしまうのだ。

◊ ◊ ◊

それを社会の水準でいえば、政府や東電がもたらした放射能汚染による「故郷」の喪失。しかし、その「帰りたくても帰れない」故郷をそれまで維持してくれたのは、まぎれもなく国と東電による原発政策であった。それによって、出稼ぎを余儀なくされていた寒村が一家そろって暮らすことが可能になり、豊かな街へと転じていった。

恨みたくても恨めない、東電と政府。帰れなくなった故郷そのものが、東電と政府のお金によってつくられた、という否認したくなるような現実。住民の自己理解は徹底して無力化させられていく。けっして無垢な被害者でありえない自己の歴史。それを受け入れるのは、容易なことではない。〈東日本大震災・原子力災害伝承館〉〈とみおかアーカイブ・ミュージアム〉〈伝言館〉。そこからも漏れ落ちていく、顕《あら》われることのない歴史の裏側である。

もうひとつ、この第三幕の冒頭で紹介した仙台市荒浜海岸の例で考えてみよう。

身内の沈んだ荒浜の海を泳ぐ遺族が、見事に海岸まで泳ぎ切れば、死者の感情を聴き取りながら、その「声なき声」をひとまず生者の世界へと運び込むことに成功した、と評することができる。しかし、身内を失った哀しみのあまりに、海底に沈んでしまえば、死者への転移の感情に呑み込まれてしまったことになる。

「死者のざわめき」が「生者の罪悪感」と呼応するとき、生者はもとの海岸にまで泳ぎ切ることが出来なくなってしまうのだ。死者に対するうしろめたさの感情、それは抗いがたい〝闇〟の力のようなものだ。

しかし、無闇《むやみ》に〝闇〟を消そうとしても無駄だ。それは不可能なことだから、あらかじめ捕まらないように注意深く距離をとらなければいけないのだ。なぜならば、〝闇〟とは、私たちが生《お》い育ってきたところであり、〈悪の凡庸さ〉のように、すべての人間に付きまとって離れない存在だからである。

となれば問題は、その闇の感情からどうやって距離を保ちながら、向かい合うか。その方法の確立ということになる。「かすれた声」しか発することのできない、この地域に住まう人には、そう、まずは信頼に値する聴き手が必要なのだ。そして「わかったよ。君(の心)はそんなに苦しかったんだね。もう絶対に忘れないよ」という存在が、寄り添っていく必要がある。

自分のこころの中のインナー・チャイルドに気づくことができるでしょうか。それは臆病なおさな子の姿にしか映らないかもしれません。そしてたいていの場合、おさな子はなかなかその素顔を見せてはくれません。あっちを向いてしゃがんで、肩を震わせて泣いているかもしれません。

聴き取ることのできない、言葉にならないつぶやき。[*3-21] かれらには通じることのない自分の言葉の無力さを、私たちは痛感せざるを得ない。何よりもこの内なる子供を見殺ししてきたのは、ほかならぬ、大人になろうとしてなりきれないできた私たちなのだ。

被害を被った個人あるいは社会が背負ったトラウマ。

ほとんどの生徒と教師が命を失った大川小学校、その三時三六分で止まった時計、そして現在という否応なしに進んでいく時間。現在を生きる時間と過去を生きる時間、その二重の時間。あるいは阪神淡路大震災の損害をいまも伝える、神戸三宮にある東遊園地に再建された傷だらけのマリーナ像[★3-14]が抱える、五時四六分で止まった時計。

＊3-21　長谷川博一，同書，160頁．

こうしたトラウマを抱えた個人あるいは地域共同体を、いたわることは大切だ。理解に努めることも大切だ。しかし、かれらの「沈黙」をどのように形にしていくか？ その作業には慎重を期す必要がある。

なぜならば、かれらは自分でも何が起きたのかがわかっていないかもしれない。出来事のあまりの受け入れ難さのあまり、「本当のところ」の認識が拒まれている——そのためにトラウマのフラッシュバックに苦しんでいる——のかもしれない。

深刻な被害に遭った女性は次のように、みずからの症状のあり方を記述する。[*3-22]

> 私にとっての性暴力の被害経験は、穴の開いたドーナツのような形をしている。真ん中の空洞が語りえない過去であり、その周りを無数の語りえる過去が取り囲んでいる。私は、自分の経験を語れば語るほど、ドーナツの穴のようにぽっかりと空いた、「語りえない過去」が浮かび上がる。その穴のことが気になってしょうがない。「いや、本当のことはまだ語られていない」「語るべきことをとり逃した」という強迫観念にかられる。

★3-14　5時46分のマリーナ像

＊3-22　小松原織香『当事者は嘘をつく』筑摩書房，2022年，27頁．

フクシマからこんにちは

ここで、東日本大震災をとり扱った興味深いドイツ映画《フクシマ・モナムール *Grüsse aus Fukushima*》〔二〇一六年〕をとりあげよう。

この映画では福島海岸部の帰還困難地域を〔本書ii頁〕舞台に「幽霊」譚が物語られているが、原子力事故と津波の二重災害という点で、浪江町請戸地区に起きた悲劇が下敷きになっているように思われる。人間の住むことのできない帰還困難地域で不法占拠して、散乱した瓦礫から掘っ立て小屋を建てている老女が、ボランティアで被災地を訪れた、心に傷を持つドイツ人女性とともに暮らし始めるところから、物語は本格的に動き始める。

ふたりは掘っ立て小屋の家を修繕し始める。壁が付けられ、ふすまが組み込まれ、ドアが付けられる。すべて、被災で全壊や半壊した家から取ってきた材料。死者の家から生者の家が新しく組み立てられるわけである。

二人の秘密の小部屋ができる。そして、毎晩、二人は手をつないで寝る。もう、それぞれの心の闇に怯えなくてもよいようにと、ささやかな結果を作ろうとしている。あたりは、津波で多くの人間が生きながら呑み込まれ、原発災害で生きながら見捨てられた浜辺。その只中に立つ掘っ立て小屋は、あまりに無防備だ。

気づくと、不思議な歌声が流れてくる。ふすまを開けると、津波で死んだ幽霊たちが家をとり囲んで、歌をうたいながら、家のなかの様子を窺っている。目の前には若い女性の幽霊。『ごめんなさい、ごめんなさい』と、突然ひれ伏す老女。そこから老女の告白が始まる。怪談《牡丹灯籠》〔本書二〇〇頁〕の新三郎とお露の物語のように。

この老女と若い幽霊の女の子は、踊りの師匠とその弟子の関係。東日本大震災がこの浜辺を襲ったとき、津波から二人は、いまも家の脇に立つ巨大な樹に上って逃れた。だが、津波が二人に足元まで達したとき、老女は無意識のうちに若い娘を蹴落として、自分だけが樹の先に生き残った。黒い海に呑み込まれていく若い娘。

だから毎晩、彼女はその樹の傍らにたたずんで、歌を歌う。老女から教わった歌を。ただただ、泣き崩れる老女。それを見つめる若い女の霊。
翌日、ドイツ女性が気づくと、老女はその樹の枝で吊ろうとしていた。弟子を蹴落とした罪悪感から、いずれはみずから命を絶とうと、帰還困難地域にあった自宅への死の帰還であったのだ。首を吊ろうとする老女の脚に、ドイツ人女性がしがみつき、間一髪、樹から引きずり降ろす。『なんで死なせてくれなかったのよ』という老女の恨みの声。いつしか二人の泣き声へと変わる。そう、もはや老女は一人きりではなかった。ドイツ人女性がともにその場に留まったからだ。

　かつて震災の現場にいなかった彼女が、老女の苦しみの経験を共有することはできない。しかし彼女は、そのかたわらに寄り添うことを決断したのだ。そのおかげで、老女は〝感情の津波〟にさらわれるところを、かろうじて救われる。新三郎が長屋の住人に裏切られて部屋のお札をはがされてしまったのとは正反対の、信頼関係が成り立った瞬間である。警戒心を解いて、二人は心を見せあう。懐いた犬や猫が信頼のしるしとして、おなかを見せるように。しかし、みずからの傷の告白は弱点の露出でもあるから、互いに傷つけないように、横を向いて話を聞くのである。

さて、そこから、物語は新たな展開を遂げる。二人は共同生活を本格的に始める。死ぬためではなく、明日に向かって生きるために。二人は床を掃き、廊下に雑巾をかける。踊りの師匠であった老女は、ドイツ人に和式の行儀作法を教える。お茶の楽しみをともに味わう。罪責感に満ちた震災後の荒んだ暮らしは、いつしか規則正しい日常の、身体実践に満ちた暮しによって立て直される。

あなたがあっての私、私があってのあなたという暮しぶりが、帰還困難地域の幽霊に囲まれた〝秘密の家屋〟で営まれる。まるで、青髭と夕鶴という心に傷を負った二人の出会いが、鬱蒼とした森のなかで果たされたように。誰も知らない秘密裏の世界。地方公共団体によって建てられた仮設など、公的な生活居住空間（表の世界）からは見えないバリケードの向こう側、秘密の部屋への想像力だ。

ついに、ドイツ人女性がメッセンジャーとなって、幽霊となった弟子に、老女は人形を渡す。そう、戦死した息子のために遺族が靖国神社に奉納した、あの花嫁人形〔本書八八頁〕の花婿版である。かつての弟子が冥界で寂しくないようにと、老女はその人形をみずからの手で縫ったのだ。すると、その娘は大事そうにその人形を懐に掻き抱き、闇のなかへと消えていった。

もう二度と彼女が地上に姿を現すことはなかった。老女との和解が成り立ったのだ。「すまない」という老女の気持を受け取ることで、若い娘の幽霊は成仏することができたのである。幽霊の「恨み」とは老女の解離した「罪責感」であろう。ついに老女は、ドイツ人女性が第三者として媒介すること
で自分の感情と折り合いをつけることができたのだ。

映画の最後の場面に至って、老女がドイツ人女性に告白することから始まったこの物語は、ドイツ人女性も同時に告白する〈転移－逆転移〉の関係へと転じていく。そこで、この映画ハイライトともいうべき大事な光景が現れる。一人は、かつての弟子を見殺しにした過去を語る。もう一人は、ドイツで婚約を壊してしまった自分の責任、その傷を語る。告白するときに、二人は同じ福島の海を見ているものの、けっして、互いが向き合う構図をとらない。互いの目を見ることなく、同じ海を見て語り合う。津波に呑み込

まれた遺体が沈む海である。

向き合うと、みずからの過去が恥ずかしくなったり、互いの過去を重く感じたりする。それ以上に、向き合ってしまうと、二人の過去の暗闇は、時に互いの怒りを引き起こして破壊し、時に互いの涙となって抱き合わせるだろう。そうして、個人の容量を超えた膨大な感情が流れるとき、二人は感情に呑み込まれて決裂してしまうこともある。

ギリシア神話に登場するメドゥーサが、その瞳に捉えられた者たちをみな石化してしまうように。そう、眼差して捉えた〝心の暗闇〟をそのまま告白すればよいというものではない。それを耳にした者はことごとくトラウマに感染して、動けなくなってしまう可能性がある。メドゥーサの愛とは、相手を自分に服従させる奴隷の愛でしかない。気に入られた相手は彼女に隷属するか、逃げ出すか、闘うか、その三つの選択肢しかないことになる。

告白とは「真に受ける」ものではないのだ。その人間を石化させないためにも、角度をずらして受け取ってあげる必要がある。本人のためにこそ、である。マッサージ室における施術師と私との関係のように、だ。

この分析者と患者の関係を具現化した作品に、人気女優の綾瀬はるかが演じた映画《今夜、ロマンス劇場で》〔二〇一八年〕がある。

映画のなかの女性キャラクターに憧れる若い男性が、あまりに恋焦がれたためか、その女性が現実の世界に降臨する。ただしそこには、実際に体が触れてしまうと彼女がこの世から消えてしまう、という掟《おきて》がある。そのため、二人の恋人はガラスを通して触れたり、直接触れないということで会話をしたり、一緒に過ごす。

直接に面と向かって感情に——心の闇に——触れないこと。これが、フロイトが精神分析における患者と分析家の関係に求めた掟《おきて》なのだ。「文化」とは、動物的な自然界の欲望に禁忌《タブー》を設けることで「秩序」を作り出すものなのだ。その禁忌こそが、分析家のみならず患者も〝感情の津波〟に呑み込まれないための防波堤となる。件の二重窓に挟み込まれた〔本書一〇五頁〕感情のように、だ。

それが、相手に完全に感情的に隷属することを防ぎ、その眼差しのもとで、イニシャティヴのある主体形成——ここでいえば秘密の小部屋を作り上げるこ——を可能にする。そうすることによって、二人のあいだの感情が目に見えるかたちで浮上してくる。それを共有して考察するというのが精神分析である。

その過程で、〝謎めいた他者〟が作り出した幻想としての世界から〝秘密の小部屋〟を分離すること、それが、謎めいた他者に隷属していた主体に、能動的な主体性をもたらす「捉え返し」の転機を形成することにつながっていく。そう、捉え返しは「隷属」とは真逆の動きなのだ。


二人の抱えた秘密を「浄化」するためには、その秘密を誰かに関係づける必要がある。それは自分たちと同じような人間ではない。そうではなく、この世のものに非《あら》ざるもの、それはたとえば死者であり、おそらくは神仏がいちばん望ましいものとなる。そう、「どこにも居ないあなた」としての〝謎めいた他者〟の存在である。

そこで海に沈む死者（あるいは浜辺の幽霊）という「対象に撃たれる」〔酒井直樹〕現象が、二人に起きる。いかに一緒の部屋にいても、その気持の通じ合いは、すべてが合致する同情ではなく、互いの秘密を前提とした共感でしかない。告白される内容は、それぞれの過去の傷である以上、別々のものである。「それぞれの部屋」の存在を前提とする共感だからこそ、二人はひとつの部屋に一緒に居ることができる。表と裏との交通が融通無碍になるからだ。

けれどもそこに、有無を言わさずに相手を自分の傷に屈服させようとする欲望が生じてくることがある。そうして個々の分室を封じ込もうとするとき、二人の告白は耐え難いものとなり、その〈転移–逆転移〉の関係は負の束縛（すなわち密室内の暴力）へと転落していくのだ。かつての青髭と娘、与ひょうとお通、お露と新三郎のように……。

ふたりの部屋の奥には、実のところ、もうひとつの部屋があるのをご存じだろうか。自分自身も入ることは容易でない仏間のような部屋。あるいは、正体をうかがい知ることのできない教会地下にある埋納室 *crypt*。誰もけっして見ることのできない聖人のミイラが棺には安置されている。それらが、本来的な意味での「開かずの間」である。

それは、自分以外の者は誰も入れない原光景の場かもしれない。母を殺害をする父を止めることのできない赤ん坊。その悲しみに立ち会うのは自分一人。悲しみを癒すことはできない。すでに起きてしまった出来事だからだ。もはや時間の流れをさかのぼることなど、有限な存在である人間にはできる術《すべ》もない。

自分だけの秘密の部屋があって、青髭も夕鶴も自分だけの時間をもつことができる。それは恐れていた「孤立 *isolation*」の空間ではない。「孤立」とは、自分からの逃避、一人でいることから逃避。どこまで行っても一人きり。だから、他人も無神経に入ってきて、ずかずかと心を踏みにじる。なぜなら、部屋の主である自分こそが、自身のことが嫌いで踏みにじってきたから。

他方、「孤独 *solitude*」にあっては、自分自身と一人きりでくつろぐことができる。そこでは、適度の退屈も、寂しさも、みじめさの証しではなく、くつろぐための調度品となる。だから私たちは面と向きあうことなく、秘密を程よいかたちで保持しながら、好きな方向をむきながら、互いを尊重しつつ、語ることができるのだ。それを小此木啓吾は、

「秘密を持つこと」と「秘密の告白」は、分離、自立、あるいは融合や親密さとの結びつきを弱めてゆく」段階として、次のように述べる。[*3-23]

つまりそれは、「融合」とは区別される「親密さ」であって、互いに独立した個体……として「分離」と「距離」を保ちながら、しかも、共有される親密さであって、この段階になると、……秘密を語っても自己が失われることもないし、相手と融合してしまうこともなく、逆に、相手が自分にすべての秘密を告白しなくても、相手に対する親密さや基本的信頼は損なわれない。

ひとり噛みしめる「孤独」に耐えられないとき、その人は「孤立」状態へと落ち込んでいく。そのとき、メドゥーサの瞳は、孤立した人間を自分の奴隷へと絡めとっていくことであろう。

しかも、絡めとられた先の「裏の裏の空間」は、誰も所属しない空間として現出する。自分自身に対してさえ、その明快な自同性を突き放すような空間。この世のものでない

*3-23　小此木啓吾『笑い・人みしり・秘密』創元社，1979年，118頁．

神仏あるいは死者との交わりの――有限性の尽きた無限性との交わりの――空間ある。もはや人間に帰属する領域ではない。

その無限性とは、人間が願いを一方的に投げかける都合のよい神仏などではない。人間の欲望を猛々しくさせ、青髭を殺人鬼に、夕鶴を動物に押し戻す「欲望＝享楽」の神でもある。本書でもそれは〝謎めいた他者〟あるいは「どこにもいないあなた」と呼ばれて登場しているのは、承知のとおりである。

ここに「孤独」の本源的な意味がある〔ハンナ・アーレント〕。主体の最深部を貫く亀裂（共約不可能性）の存在である。それがあるゆえに主体は、他人はもとより自分とも、同一性を保つことができない。しかしながら、その翻訳不可能な空間こそが、私とあなたが〝秘密の小部屋〟で過度な同化を引き起こすことなく共にあるための「隙間＝距離」を保つことを可能とする。

その「隙間＝距離」が確保されたとして、次には、孤独な者どうしの向き合いが問われてくる。そう、私たちが被災地の人びとの心の痛みを感知できるかどうかが問われているように、である。社会がその能力を有し得ないとき、人びとの記憶から漏れ落ちた記憶の存在が無視される、という状況が生じる。壊滅した村落、全滅した施設など——その痛みを感知できるなら、「スミマセンでは済ませません」という態度が求められよう。日本における植民地支配の忘却された記憶のように。

そこでは、「なぜ朝鮮人はいつまで過去にこだわるの?」という問いほど、間の抜けた反論はない。むしろ「かれらがそこまでこだわるような悪行を、わたしたちはどれほどやったのか?」と自問すべきなのだ。そこで日本の戦後「民主主義」が万人に開かれたものだったのか、が明らかにされる。それとも自分と立場を同じにする人びとに限られて認められたものに過ぎなかったのか、が明らかにされるのである。

リベラル民主主義が、自分の欲望を無自覚に肯定するシステムであったとすれば、あるいは「全体の平和は、欲望の競争行為によっておのずから達成され得る」という理念であったとするならば、来たるべき民主主義はむしろ、自己の欲望を捉え返するところから始まるだろう。そこで、法然や親鸞の「悪人正機説」を掲げておきたい。自己の悪人さ——純粋であり得ない社会的存在としての欲望——を対象化するところから、社会の編成を考えていくのだ。

人間って結局、みんな被害をしていたり、加害をしていたり……。

いろんなかたちで人を傷いたり、傷つけたり……。

「可傷性 *vulnerability*」という言葉がある〔エマニュエル・レヴィナス〕。一般的には「傷つきやすい」と訳されているようだが、「傷つけやすい」とも受け取るべきなのだ。そこにこそ〈凡庸な悪〉〔本書一九六頁〕を自覚的に捉え返す契機も出てくるし、完全な同一性を前提とした複数性ではなく、視点のズレることで互いを補い合う「共約不可能なものの共約性」が生まれてくる。同じ価値基準では測れない諸主体を一方的に同化することなしに、といい、いもに在ることのできる場が生まれてくるのだ。

結局のところ、フクシマを考えるのは「民主主義とは何か」を考え直すこととなる。戦後一貫して民主主義の大切さが叫ばれ、「抑圧された人びとの声を平等に聴け」という主張が説かれ続けてきた。しかし私は「平等 *equality*」より「公平 *fair*」という言葉のほうが、信用できるような気がしている。平等とは自分の権利が尊重されることで、相手の権利の尊重ではない。私たちが目指すべきは、「努力の結果とかかわりなく、すべての人は同じ権利の状態に置かれなければならない」といった社会制度ではないだろう。

公平さとしての民主主義はむしろ、「批評的」という各人の姿勢〔エドワード・サイード〕に支えられて初めて成り立ち得る〔本書一九八頁〕。それは、自分の置かれた個人的な利害関係とはかかわりなく「公正であ *to be fair*」ろうとする姿勢だ。現実に起きている事柄に対して、自分の巻き込まれている損得関係とかかわりなく、公正である。それが、アーレントやハーバマスを経て展開されてきた「公共圏」の思想である。

現在「公共圏」は、社会的権利の承認された場として捉えられているが、尹海東やジョルジョ・アガンベンは、その権利が成り立つためには必ず、排除が、表裏一体の運動として伴うことを指摘している。それが、〈白い土地〉と呼ばれる、実質、永遠の帰還困難地域、その無住の地域への想像力へと連動していく。

青髭が『不実な女たちめ』と言って彼女たちを惨殺し続けた館、お露が新三郎を連れ去った闇の世界、それもまた〈白い土地〉に他ならなかった。

通常の人間が住めなくなった、亡霊だけが住む非在の世界。そうした忘れ去られた「この世の者ならざる者」たちの無情の世界が、この世の果てに存在することを、私たちの想像力は、しっかり捉えられるようにならなければならない。放射能で荒れ果てたその自然は、動物に戻った夕鶴が戻る居場所を奪い去る結果をもたらした。心優しい夕鶴は、恨みの感情に特化したお露のもうひとつの姿。解離した彼女たちはどこに流れていくのであろうか。

お露という存在もまた、新三郎という男の不実さから、見捨てられた恨みの感情が人格として形象化したものである。人間社会に蠢く我欲によって弄ばれ、この世から排除された犠牲者の姿でもある。新三郎は、自分を闇の世界に連れ去ろうとするお露を抱きしめ、きちんと詫びるべきであった。その「不実さ」を。

それは新三郎個人の「不実さ」であると同時に、世界の「不実さ」である。約束を守れなかった青髭の娘たち、夕鶴の夫である与ひょうの「不誠実」。そして《フクシマ・モナムール》の老婆が、自分が生き延びるために若い弟子を津波のなかに蹴り落した「我欲の醜さ」。


そのように「不実さ」を認めることで、「恨み」という〈負の転移〉は正の感情へと転換する。秘密の地下室に支配された台本はズラされる。

では、夕鶴夫婦と同じように、新三郎はお露とともに長屋にとどまり、この世で二人やり直そうと申し出るべきであったのか？　そもそもお露は、黄泉《よみ》の世界から人間とし

❖3-8　オルフェウスは、死んだ妻エウリュディケを連れ帰ることを、冥界の王ハーデスに懇願して許された。しかしその途で「振り返って妻を見てはいけない」との約束を破ってしまい、再びエウリュディケとの別れとなった。

て戻ってくることができるものなのか？　古人はそれを「黄泉がえり」と呼んだ。しかし、イザナキと妻イザナミの物語〔本書一〇三頁〕、あるいはギリシャ神話の、オルフェウスと妻エウリュディケの物語のように、[3-8]死者をこの世には連れて帰るのは、所詮は不可能なのではないか。

むしろ、《フクシマ・モナムール》の娘が花婿人形を胸に抱いてかき消えたように、お露もまた、あの世へ帰ることで成仏すべきなのではないだろうか？　もし成仏することが可能だとすれば、その条件とはいったい何なのか？　新三郎がお露に「この世でもう一度暮らし直そう」といった思いを抱いたとしたならば、それこそ、彼女の成仏への思いを妨げるものになってしまわないのか？　そうした思いを新三郎が無意識裡にせよ抱いていたからこそ、お露は成仏することができず、毎夜、新三郎のもとに出没していたのではないか？

もうじき夜が明ける。
闇の国の住人はやはり、闇のもとへと戻る定めにあるのだろうか。

第四幕

いわき湯本

IWAKI

コトドワタシ論——想いを形にして伝える

いわき

内曲する境界線

「福島の人にとって、東日本大震災は三月一二日」――いわき湯本の温泉旅館の主《あるじ》、里見喜生さんはそう言う。

宮城や岩手の人をはじめ、多くの被災者や関係者にとって、東日本大震災の日は地震と津波の起きた三月一一日。しかし、福島県浜通り〔本書iii頁〕の人たちにとっては、福島第一原発が爆発し始めた三月一二日……あの日からすべてが狂い始め、人びとの住めない〈白い土地〉〔本書一六六頁〕が次つぎと出来ていった。そして、いまも多くの人たちが故郷に戻ることができない。高齢者はすでに亡くなり、故郷に戻ることを断念した者、もはや福島を故郷と思う経験をもたない者たちが増えていった十年間であった。

考えようによっては、世俗と聖なるものの交わる空間、それがいわき市という福島県の県庁所在地、地方都市の姿だ。

世俗とは、原発事故以降も人間の命の尊厳を認めることなく、亡くなった死者たちを弔うこともなく、従来のままの日常生活を送る世界である。その特徴は、消費主義的な資本主義と、リベラル・デモクラシー的な平等を旨とする社会、ということができよう。

他方、ここでいう聖なるものとは、「ホモ・サケル（聖なる人間）」〔ジョルジョ・アガンベン〕——泄《もら》される汚れたものと見なされた人びと——の世界である。共同体の公共圏から追い出され、誰によって殺害されたとしても何も問題にならないし、誰にも益しないし。無意味な死を遂げるだけの人間たちの住む世界である。まさに〈白い土地〉と呼ばれる世界である。

かれらは故郷を追われ、避難先で帰れと罵られる。あるいはそれを恐れて、自分の出自を隠さなければならない。戻りたくても、戻れない。故郷から立ち去っても、避難先で受け入れてもらえない。かれらは宙吊りになったままにある。それが〈白い土地〉——第一原発周辺から来た人びとの住む世界の呼び名になった。

いわき市とは、この二つの世界。東京へと連なる世俗世界、双葉郡へと連なる聖なる世界。それが混ざり合った独特の世界なのである。一見すると、世俗世界の様相が支配的なように見えるが、その下層には〝聖なるもの〟たちの世界が広がっており、両者はつねに摩擦を引き起こしている。以下、その様子を見ていこう。

東京電力〈廃炉資料館〉のある富岡町を出て、上野方面の常磐線上り電車に乗る。富岡駅から約三〇分ほど経った頃だろうか、広野駅を過ぎたあたりから、汚染土壌を詰め込んだ黒色のフレコンバッグ〔本書一六七頁〕が並ぶ景色がなくなる。家には人影や明かりが灯り、自家用車が停まっている。「同じ福島の浜通りでも、いわき界隈と、双葉・大熊の第一原発周辺では、まったく事情が異なる」という発言は、里見喜生さんのものだ。

合併によって広大な市域を抱えるいわき市内でも、薄磯や久之浜などの海岸地域では、津波によるかなりの被害者が出た。死者の数はいわき市全体で四六八名にのぼる。これは、浪江町で六二三名/相馬市で四八六名/富岡町で四七六名に次ぐ数字で、福島県全体の死亡者数四一四七名の約一割を超える数字である。これらの地域の人たちのために仮設住宅や復興商店街が作られ、それ以上に、第一原発周辺地域からの避難民の移動が相次いだ。

二〇一四年の段階では、いわき市は福島県全体の原発避難者の約一六％、二四一五九人を受け入れていた。避難指示が順次解除され始めてからも、みずからの判断でやむなくいわき市に残ることを決めた「強制的自主避難者」が多数集積している。

その理由のひとつに、第一原発が爆発した三月一二日以降の風向きの関係で、いわき市方面は放射能汚染を辛くも免れたことがある。また、政治・経済ともに発達していて、自分の子供が通っていた双葉郡の学校が移動してきていたり、作業員であれば第一原発の仕事にも通いやすいという利点もある。楢葉・富岡・大熊・双葉・浪江などの町役場の機能も、いわき市へと移動してきた。

海水によって第一原発付近の海とつながっている小名浜周辺の海は、長いあいだ禁漁区域に指定されてきた。それでも、双葉町や大熊町の帰還困難地域などからすれば、住宅地や農地への汚染がかなり軽度であったことは明らかである。それゆえに、現在のいわき市内や温泉街の湯本に、黒のフレコンバッグを見ることはまったくない。

他方、湯本の空き家には、第一原発まで時間をかけて車をで通う作業員グループが少なくない数、住んでいる。ある住居は築二十年の平屋で、部屋四つ。そこに見知らぬ七人が相部屋で住む。風呂や冷蔵庫や洗濯機、台所、トイレは共用。作業員がいわき市内の飲食店でトラブルを起こすこともしばしば報道される。

次の言葉は、湯本から通っていた作業員が感じる、街での居心地の悪さである。[*4-1]

除染も含めれば二万人を超える作業員が福島の限られた地域に居住しているのだから、確率的には少しは犯罪を起こす人間もいるだろうとは思うが、……作業員に対する視線には、そういう「犯罪者」という目だけでなく、ヤクザ関係者という見方、さらに放射能で汚染されているのではないかという偏見もまじっているのではと思ってしまう。

だから、私たちも外出をできるだけ控え、ひっそりと暮らすのである。住んではいるが、ここに住民票はない。だが帰る故郷がないという作業員も少なくない現実。これは何か故郷を追われた避難者と似ていないか。

避難者たちもまた、いわき市内に息をひそめて暮らしている。避難者たちが手にする

＊4-1　池田 実『福島原発作業員の記』八月書館，2016年，172頁．

賠償金や慰謝料に対して、なかにはパチンコ店や居酒屋に入り浸る姿を見かける例もあってか、「汗水たらして働いているこっちは、やっていられないよ」という声も、避難先の住民のなかから聞こえてくる。そこには、「原発避難者」と元から住む「いわき市民」という二項対立が顕在化してしまった様相を看て取ることができる。

いわきから常磐線に乗って二時間かかる水戸でも、そんないわき市の「不公平さ」に嫌気がさして、安価な市営住宅に引っ越してきた家族もいる。かれらは、水戸の中古家具屋で手ごろな家財道具をそろえ、つつましやかに暮らそうとしている。

水戸へ引っ越してきた福島の人から直接、耳にしたのはこんな話――『せっかく引っ越してきたのに、幽霊もまた被災地から一緒に付いて来てしまったんです。何人も。家の隅で何人もがかたまって、じっとわたしを見てるんです』。正直、私は耳を疑う。――朝になって仕事に行こうと一歩出ると、幽霊たちも外に出ようとする。表に出た瞬間、日の光を浴びた幽霊たち体は硬直して、バタバタと道端に転がっていく。まるで、セミの抜け殻のように。『それが毎日繰り返されるんです。気が変になりそうですよ』と。

第一原発から離れていまは落ち着いたように見える地域でも、一枚皮をめくれば、幽霊がうごめき、生きた人間の感情がささくれ立つ日々が、そこにはある。それは第一原発より南の常磐地域に限ってのことではない。相馬や仙台においても同様の、作業員と、避難民と、地元民の葛藤がある。次の独白は、二〇一三年にいわき市に避難した人の本音である。*4-2

新聞とかに一人いくらもらえるとか載ると、……じゃあもう家建つじゃんとか言われて。全然違うのにそう思い込んでいるんですよ。そういうのが今は辛いことかな。噂だけが一人歩きしている状態で。なんでもそうですけれど、まじめに地道にやっている人もいるから。……だから本当に言えなくて。

避難民たちは福島県内あるいは隣接する宮城や茨城にのみ移住したわけではない。関東各県にも、関西の京都や大阪にも、遠く離れた北海道や九州にも。それぞれのつてを頼って移動している。

震災で起こった地域コミュニティの崩壊は、東北地方の海辺の地域だけでなく、少し

＊4-2　川副早央里・浦野正樹「いわき市へ避難する原発避難者の生活と意識」『東日本大震災と被災・避難の生活記録』六花出版，2015年，532頁．

ずつ目に見えないひそやかなかたちで、日本全土にコミュニティの変質というかたちで波及している。それは、放射能に対する政府の基準値が何転もしたことと相まって、目に見えない「不安」と「嫌悪感」となって、補償を手にして被災地から避難してきた人たちを標的とするかたちで、日本社会全体へと音もなく静かに広まっていく。

そうした地域コミュニティでの不穏な感覚、その根底には、「何をどうしてよいのか、わからない」不安、「どうしたら回復できるのか、わからない」という絶望感がある。廃炉作業は本当に終わるものなのか？　除染作業で中間貯蔵施設に集められた汚染土を三十年後、どこに持って行くつもりなのか？　除染作業は本当に、その地域を住める状態に拡幅させたのか？　そもそも、相次いで再開した日本の原発政策は、いかほどにせよ妥当なものであり得るのか？　福島に限らず、日本の空気は清浄なのか？　トリチウムが改めて流されようとしている海の安全は、本当に確保されているものなのか？　そこれらの不安材料が人体に及ぼす危険は本当にないのか？　危険がないなら、福島の子供の甲状腺癌の比率が他県に比べて極端に高いのは何故なのか？

我々の思考が停止してしまう。フロイトの言う〈否認〉状態へと、日本社会の全体が追いやられてしまった。

〈白い土地〉――すなわち永遠に帰還困難な地域――は、戻れなくなってしまった住民たちだけの問題でなく、日本の国土の一部として存在し、原発政策が行き詰まってしまったにもかかわらず、政府や、諸企業あるいはメディアは、それを持続することで一貫している。

白い土地は、日本全体にとって思考不可能な地域として、存在していないことにされている禁忌《タブー》として、負のかたちで機能するようになっている。そうだから、そこで日々暮らしていたり、原発関連作業に従事していた者たちは、その場所での出来事を自分なりの言葉で外部の者に伝えようとするときに、語るべき言葉を見失う。[*4-3]

＊4-3　池田 実, 前掲書, 237頁.

福島から戻ると、遠い異国から帰ってきたかのように、「中の様子を聞かせてください」といろいろな人に尋ねられた。高い壁に囲まれ、外界から遮断されたイチエフは、まるで鎖国状態のようである。中で起きたことはなかなか外部には伝わらない。

第一原発の現場を経験した人たちは皆、翻訳不可能な世界に身を浸すことになる。だから決まって、この土地を訪れる他県の者たちは、それがいかなる目的の訪問にせよ、「こんな現状になっているとは思いもよらなかった……」という言葉にならない感想を漏らす。私の同行者は、とみおかアーカイブ・ミュージアムを中心とする現地探訪で、「言葉を失って、言葉が出て来ない」と絶句した。現在、この〈白い土地〉は日本社会にとって、思考停止を余儀なくさせる否認の土地なのだ。

その土地はかつて紛れもなく、住民が暮らしていた、「故郷」と呼び表される、人間の帰還するべき場所であった。

そんな現実の捉え方が曖昧模糊となっている状況で、福島のなかから、それに抗おうとする声が上がる。たとえば、楢葉町にある宝鏡寺の境内に設けられた〈伝言館〉、その早川篤雄住職を原告団長として東電を訴えた「福島第一原発避難訴訟」、富岡町の〈ふたばいんふぉ〉、いわき湯本の温泉旅館・古滝屋に置かれた〈原子力災害考証館 furusato〉である。いずれも、地元の人間が中心となって立ち上げた、市井の、下からの組織である。

双葉町の〈東日本大震災・原子力災害伝承館〉や富岡町の〈東京電力廃炉資料館〉が、国や東電の資金を受けて、一見謝罪をしているように見せかけながら、その政策を推進するイデオロギー的役割を現在も果たしているのは、すでに見たとおりである。それに対して、〈伝言館〉や〈考証館〉に従事する人びとは、地元の声を聴き取りながらも、感傷的になることなく、発すべきメッセージの適切な方向を見出そうとしている。

古滝屋の最上階に客室を改造して作った〈考証館〉は、わずか二十畳の展示空間である。その壁には現在と以前の浪江町の街並みが連続写真で展示されており、原発事故がいかにして街を一瞬で変えてしまったのかが一目瞭然でわかるようになっている。奥の壁には書棚が設けられ、古滝屋エントランスの壁面一杯に設けられた書棚と併せて、震災関連の書籍群が、温泉の利用客が滞在中に自室で読むことができるよう配慮されている。その書籍の多くは、筆者のものも含めて、著者や関連団体からの寄贈によるものだ。〈考証館〉が掲げる理念にあるように、東日本大震災という多面的な出来事に対する「正解」はない。人びとも死者も、当事者でさえ理解できないものが〝トラウマ〟なのだ。だから、その翻訳には正解など存在しないことは明らかである。あらゆる「傾聴」行為は、トラウマに対して翻訳不可能な関係のもとにしか存在し得ないのだ。だが、それでも私たちは、相手を理解したくて、翻訳を試みる。

だからそこで、「被害の本質を考える」ことが大切になる。この本質的な立場から、客室ひと間のささやかな空間だけれど、思いのこもった〈考証館〉の展示はおこなわれている。

すでに〈伝承館〉や〈廃炉資料館〉で見てきたように、政府や東電は福島第一原発事故を、再度「原発政策を展開する物語」一色に塗り固めようとしている。現在の福島県浜通りの経済を支える、除染や復興事業はいずれも、東電や政府による原発がらみの事業。爆発事故以前にも増して、地域に残ろうとする人びとにとって原発関連産業に対する依存度は増している。いわきの旅館関係者が、この間の宿泊事情を次のように説明している。❖4-3

爆発から数年間は、観光客が途絶えたこともあって、営業を続けていた旅館の中には、原発作業員の専用宿舎に営業方針を切り替えたところも少なくありませんでした。地元の歓楽街も作業員の方たちや東電から出張してきた方たちのおかげで、ずいぶんと潤ったはずです。しかし、そこで明らかになったのは、原発以降も、依然として東電マネーに依存している地元の体質でした。

でも、次第に作業員たちが第一原発近くの宿舎や借り上げ住宅に移動するようになると、そうして依存してきた旅館は前にもまして経営が苦しくなりました。あるところは廃業、そして歓楽街もまた閑古鳥が鳴くようになったのです。除染作業なども含めて、結局、福島の浜通りの経済は依然として東電におんぶだっ子なわけです。

もういちど古滝屋に戻ろう。この〈考証館〉では、原発のある大熊町の自宅付近で母

❖4-2　楢葉町の〈伝言館〉でも、1980年代に「地元の人びとの生活が経済的に豊かになる」ということで原発政策をいかに歓迎してきたのか、を明らかにしている。

親と祖父とともに娘の汐凪《ゆうな》ちゃんが行方不明になった現場の光景が、父親の手によって、現地の流木や石を使って再現されている。[★4-1]石や木々のあいだに、夕凪ちゃんが着ていた衣服の実物、そして発見された僅かな遺骨の写真が挟まっている。来室者はそれらに実際に手を触れて、汐凪ちゃんの死、その背後で起きた出来事について、思いを巡らすことになる。その父親は、彼女への思いを集めた写真集『汐凪』の〈おわりに〉で次のように、自分の思いを語っている。[*4-4]

> 私を含め、この事故のせいで、すぐに家族を探すことができなかった遺族は多く、津波にさらわれた人々の発見の確立を著しく低下させたのです。……これほどの被害をもたらしてもなお、なぜすべての原発を停止させる方向にいかないのか、家族を失った自分にとっては不思議でなりません。想定外があるかぎり、原発は動かしてはなりません。

〈考証館〉の里見さんも、「双葉町の伝承館とは違ったカウンターナラティブを作って、多くの人びとに提示しておくことも大事なことではないのだろうか」と、同様の考えを

★4-1　考証館での再現展示

＊4-4　木村紀夫『汐凪』幻冬舎, 2012年.

述べている。酒井直樹もまたその著作『過去の声 *Voices of the Past*』のなかで、過去から響いてくる声は常に複数という形である——問題は、私たちがどの声に対して、どのように耳を傾けるかなのだ、と説いている。

汐凪ちゃんの父親はどのように耳を傾けたか——「汐凪を失う最大の要因は、自分の地震や津波に対する無知でした。自宅が流されるような津波が来るとはまったく想像できませんでした」と語る。自分の想像力の欠如が、家族を守れなかった原因と考えたのである。例外状態ともいえる出来事に対する想像力の大切さを説く。それは、この世界が既知のものであるという馴化《じゅんか》 *habituation* された感覚からは想像もつかないものである。

鳥かごの中の鳥

かごの中を見つめる鳥

私の好きな絵のモチーフに「鳥が鳥かごの中を見つめる」というものがある。★4-2

鳥籠の中には何がいるのか？　それは人間だ。じつは人間は籠の中で自分の物語（た

★4-2　鳥に見つめられる (internet image)

とえば「自分は可哀想」という物語）を生きている。いや、鳥という〝謎めいた他者〟の眼差しのもとで、その台本の筋書きのままに、思考も感情もコントロールされているのだ。

オウム真理教の信者だったら、教祖の麻原を信じて、真理に到達しようと修行したら、麻原という鳥籠に閉じ込められてしまったわけだ。

そこでは、麻原と違う意見をもつ自分が怖い。不安で仕方なくなる。もはや麻原なしでは生きられない。だから、殺人の命令でもなんでも、最後は抵抗しきれずに言うことを聞いてしまう。そこには大文字の「他者」からの眼差しはあっても、それに対する人間の側の「捉え返し」が欠けている。

だからこそ、観音菩薩のように正しく聴き分けることが大事になる。その方途について、村上春樹はこう言う。[*4-5]

> 僕は意識の焦点を合わせて、自分の存在の奥底のような部分に降りていくという意味では、小説を書くのも宗教を追求するのも、重なり合う部分が大きいと思うんです。……でも違うとこ

*4-5 村上春樹「『アンダーグラウンド』をめぐって」『約束された場所で』文藝春秋，1998年／文庫版2001年，296頁．

ろは、そのような作業において、どこまで自分が主体的に最終的責任を引き受けるか、というところですよね、はっきり言って、僕らは作品というかたちで自分一人でそれを引き受けるし、引き受けざるを得ないし、彼らは結局それをグルや教義に委ねてしまうことになる。簡単に言えばそこが決定な差異です。

次の文章は夏目漱石の小説『こころ』における、自身が抱え込んだ罪悪感のもとに自死する先生が、自分の秘密を若い友人に打ち明ける有名な場面である。*4-6

私は何千万といる日本人のうちで、ただあなただけに、私の過去を物語りたいのです。あなたはまじめだから。あなたはまじめに人生そのものから生きた教訓を得たいと言ったから。私は暗い人生の影をあなたの頭の上に投げかけてあげます。しかし恐れてはいけません。暗いものをじっと見つめて、そのなかからあなたの参考になるものをおつかみなさい。

この関係には尋常ならざるものがある。先生が主人公の若者に「暗い人生の影をあな

＊4-6　夏目漱石『こころ』

たの頭の上に投げかけてあげます」と告げたように、主人公は自死する先生の人生の影を秘密裡に生涯、背負わなければならなくなる。だからこそ、この関係を土居健郎は、秘密の保持を介した信頼関係の成立として評価したのだ。そして、「これまで隠されていた「先生」の恥部を知らされた「私」が、当然、幻滅やおぞましさを感じていいはずなのに、それを感じなかったのは、いったい何故なのであろうか？　と土居は問いを立てる。そして、みずから次のように答えた。*4-7

彼が「先生」の秘密を秘密として受け取ることが出来たからに他ならないが、またそれ故にウンハイムリッヒの感情が起きなかったということができるのである。そしてそのことを可能にしたものこそ「先生」と「私」の間に成立した愛であった

こうした関係が成り立つとき、居場所は、世界のいたるところに生じる避難所となる。すでに紹介したように〔本書一三〇頁〕精神分析によれば、傾聴の第三・第四段階で大事なことは「患者の考え方と分析家とのズレ」にある。たとえば、患者が分析家に〝転移〟を

*4-7　土居健郎『表と裏』弘文堂，1985年，151-152頁．

起こすと、それを恋愛関係と思い込んでしまいがちだ。しかし、分析家からすれば、それは分析の始めには必ずと言ってよいほど起きる、みずからの内的感情の投影にほかならない。そのように、周囲の目を採り込むならば、私自身もまた、自分の状態に自覚的になることが可能になる。

私の父は、磯前家の台本に同化してしまった。それで苦しみもがくあまりに、家族に暴力を振るうと同時に、自分の人生を台無しにしてしまった。最後には、自分の言葉を発する大切な手段「声」を失い、いま人生の「記憶」さえも手放そうとしている。しかしだからといって、父が声を失い、記憶を手放すことがまったく絶望的な状況かというと、私にはそう思えないところがある。

父は私の名前をもう覚えていない。しかし、私があいさつ代わりに手を挙げると、ニコッと笑う。私たち家族が海外勤務で一年不在のあいだ毎日、餌を与えに通った我が家の猫の声を電話で聞くと、うれしさのあまり相好を崩すと言う。そして、東京の魚屋で修行していた当時の流行歌を聴くたびに涙する。

たしかに、妻や息子という範疇そのものが父の脳裏からは消えてしまっているように思われる。「この人は誰なんだ?」という問いそのものが、もはや父の記憶のなかには存在していないようだ。その一方で、何かの記憶はまだ存在していて、母や息子である私、さらには猫に対する「近しさ」というものが依然、確かなものとして残っている。さらには、かつて自分が経験した時間の記憶を、歌に凝縮されたかたちで保持している。

なによりも父は、グループ・ホームという施設を自分の故郷として受け容れているように見える。優しく手を握って面会室に連れて行ってくれるスタッフとの信頼関係には、確かなものを感じる。むしろ自分たち家族のほうがお客さんだ、と感じることもしばしばある。

自分の居場所を養子先の磯前屋(水戸の魚屋)に求めては傷ついてきた父だが、その願望を手放すことで、心のなかの居場所を見出すことに成功したのかもしれない。そのためには自分の声も記憶も、父が父であろうとするアイデンティティへの欲求も、放棄する必要があったようにさえ感じられる。

既存の現代的な社会秩序とは異なるかたちではあるけれど、父もまた、自分の主体の再編成を穏やかに進めている。それぞれでありながら共にある。それぞれであるがゆえに愛し合えるという関係性が、「分かり合えないからこそ、そのままそばにいて」という言葉とともに、掘り下げられていく。それもまた、共約不可能なものの共存可能性を示すひとつの型なのだ。

被災地の仮設に残された人たちのもとに通う若い僧侶である安部智海は、被災地で出会った小さな女の子が、何も言わず、自分の手を引いて海辺に連れて行った光景を、次のように述懐している。[*4-8]

> この子が私を連れ出したのは、きっと一人ぼっちでこの景色を見に来ることができなかったからだろう。誰かと一緒にいること、一人ぼっちじゃないと思えることと向き合えることもあるよ

*4-8　安部智海『ことばの向こうがわ――震災の影 仮設の声』宝蔵館，2017年，52頁．

うに思うのだ。たとえ解決策が見いだせない状況であっても、誰かと一緒にいるだけで、前に進めるような気がすることがある。たとえ前に進めなくても、少しだけ気持ちが和らぐということがある。

理解できないものを無理に理解しようとしなくても、理解できないままに心の傍に置ける関係こそが、新しい居場所のあり方なのだ。

そこに〝秘密の小部屋〟の意義がある。なぜならば、信頼関係がないとき、人は沈黙に耐えることができない。相手の沈黙を、自分に対する疑い――さらには亡霊の回帰する恐怖の時間――としてしか受け取れないからである。だが、〈転移‐逆転移〉関係を負から正へと転じさせるとき、「沈黙」もまた、言葉を欠いた疑念から、言葉の不要な慰安の空間へと様相を一変させる。

すべてを明るみに照らし出そうとする世俗世界に対して、個人の心に蓋をして保護する〝秘密の世界〟がそこには広がる。

ほら、そこには、お露や、青髭、夕鶴たちが、思い思いの姿でくつろいでいる。混浴で共にくつろぐ情景が浮かんでくるではないか。もう、正体を暴かれるという心配はない。物事に表と裏が存在し、その両面が状況次第で入れ替わる以上、「どれが真実の正体なのか」という発想じたいが、成り立ち難いものだからである。

イザナキ・イザナミ　生者と死者の境界線

死者を追悼したモニュメントは、東日本大震災の起きた三陸海岸部から福島浜通りのいたるところに建立されている。

松川浦の相馬市鎮魂祈念館、双葉町の伝承館、浪江町の旧浪江小学校、富岡町の東電廃炉資料館およびとみおかアーカイブ・ミュージアム、楢葉町の伝言館、いわき湯本の考証館などもまた、その建築じたいも含めて、その展示に至るまでが、震災から始まった苦難の日々の記憶の記録であると同時に、原発再開を意図する伝承館や廃炉資料館を除けば、追悼儀式の場という意味を帯びるだろう。

犠牲者を慰霊するために建てられた長方形の黒石で作られた慰霊碑。そこには各地域で犠牲になられた人びとの名前が一人一人記されている。そこに花が捧げられたり、荒浜海岸のように聖観音像が建てられたりしている。[★4-3] この聖観音像が建立されるまでには何年もの時間が過ぎた。最初は流された子供の形見の兜が木製の卒塔婆とともに、翌年には石製の記念碑が、そして二〇一三年には聖観音像が順次建立されていった。悲しみの癒えることのない被災地では、慰霊のモニュメントもまた、被災者という主体とともに成長し、死者に対するその感情とともにその形が、一歩一歩ずつ整えられていくのである。

そこでは死者もまた〝二・五人称〟の他者として、眼前の相手でありつつも眼前の愛に限定されない存在へと橋渡しされていく。「かけがえのないあなた」が「どこにもいないあなた」に重なっていくように。いまだ「個人の魂」の形を保持したままの霊と、弔い上げがなされて「先祖」となった霊とのあいだの、中間的な存在へと転じていく。「あなた」という二人称の個人ではなく、「かれら」という三人称の非個性的集団でも

★4-3　荒浜の聖観音像

ない。その中間形態として、個人の輪郭を保ちながらも、集団としても保持するのが、〝二・五人称〟の死者である。そこで死者は、「自分の想いを、生者に受け留めてもらう」存在から、「残された生者の悲哀を、受け入れる」存在へと転換していく。

遡《さかのぼ》ってみれば、震災直後は瓦礫が山積みされた場所であった。瓦礫が聖観音像という主体へと、次第に成長を遂げていったのだ。

私の父が声を失って新しい穏やかな主体形成へと進めたように、荒浜の犠牲者と地域住民たちもまた、被災の経験——大切な人を失うという経験——を独自での主体のかたちへと発展させていった。

こうした〝喪の行為〟の変化過程を典型的に示したものが、津波復興祈念資料館〈閖《ゆり》上《あげ》の記憶〉での展示である〔本書三六頁〕。最初は、自分のクラスメートや家族を失った子供たちがその喪失の経験を紙粘土に色を塗って造形化した。翻訳不可能な経験を、言葉というよりも造形行為を通して分節化しようと試みたものである。★4-4 たとえば、「いたい」という文字がブルーシートを表した粘土の上に書かれているが、これは「遺体」であると

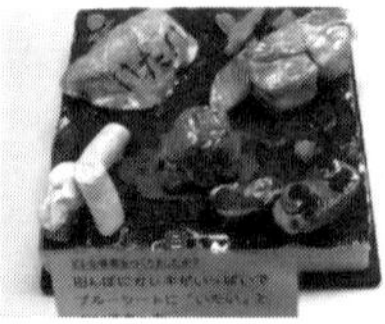

★4-4　震災直後の子どもたちの造形

同時に、それを目の当たりにしたこの子の心が「痛い」ということを意味していた。まさに悲哀を噛みしめる経験である。

数年後、子供たちは共同で「閖上の未来」という紙粘土の作品を制作するに至る。かれらは「自分は一度高校や大学で街の外に出るが、いずれはこの町に戻ってきて、街の復興に尽くしたい」と、口々に述べた。ただし驚くべきことは、この土地の土台には死者の遺体があるという発言が、子供たちからあったと聞いたことである。そう、閖上の明るい未来は、震災で無念の死を遂げた遺体の上に構築されるという、震災で肉親や友達を失った者ならではの認識であろう。

傷は癒えたのではない。傷の痛みがあるからこそ、希望が芽吹いたのだ。

石巻市は旧・大川小学校の入口に置かれた祭壇。★4-5
第一幕のボランティアの女子学生が「子供の幽霊が見えるか、見えないか」で嘆いた現場である。そこに祭壇ができた。この祭壇で拝むことで、ひとつの区切りがつけられる。だが、不条理な喪失であったがゆえに、永遠に納得することはできない。実際には

★4-5　旧・大川小学校の祭壇

区切りにはならないのだけれど、区切りをつける。それが死者の成仏ということなのだろう。それと同時に、私たちはふたたびこの世界を生き始めることになる。心のなかの〝秘密の小部屋〟のなかに、死者の居場所を設けることによってである。

そのとき、死者は死の世界へと戻り、死者として正しく祀られることが必要となる。心のなかに正しく留めて置くためにも、死者に別れを告げることが必要である。地縛霊は自覚を欠いているから、その土地に縛られている。なにしろ、本人が「自分が死んでいる」ことに気が付いていないのだ。心が死んでしまっていることに気がつかないのだ。自分が死んでいることに気づかせれば、おのずから死者たちもまた成仏するだろう。

死者が生者と混在する世界は、やはり尋常ではないだろう。

たとえば『古事記』『日本書紀』における男神イザナキと女神イザナミの物語。黄泉国《よみのくに》に赴いた妻イザナミに対してイザナキは、ここから先は君と一緒には行けないと告げる。そして大きな岩を置くことで、死者の世界と生者の世界をはっきりと分けた。神話という語りの機能のひとつは、起源を説くことにある。ここでいえば、生と死の区別の起源である。両者の分離によって、生者の世界には秩序がもたらされたのだ。

そのため、この二神のあいだには大変な「憎悪」の感情が流された。かくして世界の成立は、当初から円満なものではなかった。もはや未分割の状態へと後戻りすることなど出来はしない。その不可逆性こそが、この神話のもつ起源の語りなのである。全体性の回復などではなく、むしろ全体の分割をめぐる物語なのだ。

戻れないからこそ、その線を引いたなかに思い出を、「闇の体内化」というかたちで祀る。自分を閉じ込めていた鳥かごという幻想が、逆に、自分の心の一部として〝心の地下室〟に蓋をして封じ込められる。そこは幽霊が出没する。それだけでなく、神仏にも開かれた心の深淵、翻訳不可能な世界に開口した余白の領域として存在することになる。ここに、傷ついた青髭と夕鶴の混浴温泉が「隠し湯」として存在する理由がある。

その余白が契機となって、人間は他者に開かれることもあれば、不安からみずからを閉ざすこともある。閉ざしたときにふたたび、人間は〝謎めいた他者〟という鳥かごに捕らわれる。余白がなければ、私たちはそれを捉え返すこともできない。

「捉え返す」とは、過去の声々に、他者の声々に、耳を傾けるということである。しかし、その声に新たにとり憑かれてしまうこともある。傾聴という行為の実践については、十分注意深くあらねばならない。相手の発言はもちろんのこと、自分自身に浮かんできた思考も、そのまま真に受けてはならない。

イザナキは死者の世界のイザナミにコトドを渡した〔本書一〇三頁〕。それは生と死の境界線を引き直しただけでなく、イザナキが生者の世界に蘇ることを意味するものでもあった。コトドワタシと黄泉がえりは、同じ出来事の両側面なす。まるで閾上の子供たちが死者の世界を足もとに踏みしめて、その冥福を祈ることで、生者の世界の未来を構想し得たようにである。

石巻市大門崎山では、震災三日後には、被災した人たちが瓦礫からお地蔵様を掘り出して、折れた首と胴体をつなげた。★4-6 曲がった錫杖は引き伸ばされた。そして最後に、魂を吹き込む。壊れた魂をもう一度吹き込み直すのだ。

それもまた黄泉《よみ》がえり、「呪術の園からの解放」〔マックス・ウェーバー〕である。蘇《よみがえ》りとは、単なる死の世界からの生還ではない。自分を捉えて離さなかった〝謎めいた他者〟の眼

★4-6　被災者に修復された地蔵

差し――インナー・チャイルドが苦悶する声――からの解放でなければならない。
私自身にとっても、死んだ人に耳を傾けなければならない、苦しんでいる人に耳を傾けなければ、と思い続けた十年間だった。おそらくは被災地にかかわった多くの人が同じように、あるいはそれ以上に、負担を感じたことであろう。私の息子は文字どおり九死に一生を得てしまった。その負い目として、私はかごの中に入れられてしまったのかもしれない。この死者との感情は、信頼とは違って、(死者には失礼な言い方になるけれど)やはり憑依されていたと言うべきかもしれない。

真実の声　それは愛の奥底に眠り

現在の韓国独立記念館には、朝鮮総督府の残骸が置かれている。★4-7
近年まで景徳宮のなかにあった朝鮮総督の建物は、韓国の人たちが、植民地になった記憶を壊したいと思って爆破した。しかし私の韓国の友人はこう言う――『心のなかの

★4-7　朝鮮総督府の残骸

支配された歴史までは消すことはできない。心のなかの屈辱は消えない。総督府の建物を爆破しても、何も消えはしない』と。そうして韓国の人びとは、残骸を拾い集めて独立記念館の片隅に飾っている。

もちろんそれは、総督府の復元を意図するものではない。二度と戻ることのない過去を、破片のままに復元不可能なものとして並べて見せてくれている。砕けた過去は戻らない。しかし、破砕されたままに放置しておいてはならない。心が無感覚になるまで麻痺してしまうからだ。だから、破片を自分なりのやり方で並べ直すのだ。繰り返し、繰り返し何度でもだ。

案内してくれた韓国の友人はこう呟いた――『すまないでは済まされない』と。それは私に向かってではなく、彼が自身に対して口にした言葉だった。彼は、十年前に自分の子供が、大学受験に失敗して自死してしまった。その後、彼は研究仲間との音信を絶った。論文も一切書けなかった。彼もまた、苦しみに苦しんでの十年間であった。

彼は、自分が子供の自死を止めることができなかったことを一生済ませないと決意する。一生背負っていくと言った。大事な人を守ってあげられなかったからである。自分を加害者と見なしているところから出た「済まなさ」の発言であった。子供の死に対して、自分なりの責任を負う。その状況に自分なりにかかわっていくことで、この世界で生きていく意味を、彼は改めて見出したのであろう。

それは、自分自身の罪悪感を受け留め、〝喪の行為〟を通して、その罪悪感から解放されていく道である。それが、痛みを媒介として「共約不可能なものと肩を寄せあう」絆である。自分の罪悪感を引き受けるからこそ、その感覚を対象化して解き放たれていくのだろう。

彼の心に刻まれた致命的な傷。それは、自分が「もはや自身とピタッとは合致できない」精神状況を、その中心部に深く抱え込んでしまったことにある。許せない自分、認めることのできない自分と日々向きあう自分。主体は体内の埋葬室からの声につねに問いかけられ、あるべき自分と現実の自分とのギャップに悩み続ける。それが『すまないでは済ませない』という主体側の決意である。

結果として、友人の娘は死んで、父親である本人がこの世に戻ってくることになる。コトドワタシと黄泉がえりが同時におこなわれるのだ。だから、蘇った者は死者の代わりに語る責務がある。しかも、かれらの思いにとり付かれて喋るのではなく、死者が成仏するように、深い地下室にまで思いを馳せて語らなければならない。

在日コリアンの作家、姜信子はみずからの口を突いて出る表現の言葉を、次のように意味づけている。[*4-10]

身代わりに生きる私が語るあなたの物語は、今ここに生きる私自身の限りある言葉では語りようがありません。語らぬままでは、私は生きてはいけません。……語りえないことだからこそ、語らねばならないのです。それはいつかきっと語らえる、私を越えた私の言葉で、そう信じているのです。私はここにいます。私は語ります。

東北地方のイタコのように、謎めいた死者の言葉をみずからの声を使って、語らしめるのだ。私の友人にとっては、それは亡くなった娘の言葉である。しかも死者の無念の感情を超える、死者の心の奥底に眠る真意が、彼の声を通して通して語られなければな

＊4-10　姜信子『声 —— 千年先に届くほどに』ぷねうま舎, 2015年, 213頁.

らない。漱石の『こころ』の主人公が、先生の亡きあと、その意志を継がざるをえないように。先生は遺書のなかで若者に自分の人間観をこのように語った。[＊4-11]

私はただ人間の罪というものを深く感じたのです。……こうした階段を段々経過してゆくうちに、……自分で自分を鞭つよりも、自分で自分を殺すべきだという考えが起こります。私はしかたがないから、死んだ気で生きていこうと決心しました。

若者は自分なりに、この先生の暗い認識——「人に愛想を尽かした私は、自分にも愛想を尽かして動けなくなったのです」——を翻案しなければ、いずれは彼もその認識に敗れ去ることになるだろう。先生と若者のあいだでとり交わされた秘密の告白とは、人間の本性に対する不信であった。それはとりもなおさず「自身への不信」を意味するものであるから、自身をも先生のように自死へと追い込む危険な〝転移〟であった。

しかしそれでは、亡き先生の台本を繰り返すことになってしまう。転移とは感染でもある。それゆえに、他者の感情を真に受けてはいけないのだ。愛していればいるほど、注

＊4-11　夏目漱石『こころ』

意深く、その愛の奥底に眠る、本人も気づかない「真実の声」を聴き取らなければならない。

悲劇や無念の思いにただ圧倒され自己を殺すのではなく、矛盾、馬鹿、未熟をかみしめながら、それでも生かす。押しつけられた「潔さ」だけに忠実にあろうとせず、「心の楽屋」を確保し、……見にくい自分を自身で生かしたとき、……生きのびるための道を探して考え始める〈私〉がいるはずです。

きたやまは「その時、物語の紡ぎ直しは始まっているのです」と明言する。[*4-12] しかしその言葉はもはや、個人の思いのみに由来するものではない。その背後にいる幾人か、いや幾万人という死者たちの思いを引き受けたものとならざるを得ない。

＊4-12　きたやまおさむ『ハブられても生き残るための深層心理学』岩波書店, 2021年, 245頁.

現代日本社会は、正体不明の「死者の眼差し」に憑依された社会だと私は考える。広島・長崎の原爆投下に始まり、ビキニ諸島での経験を通して、東海村の臨界事故、さらには福島第一原発の爆発にいたる、原子力禍。それにもかかわらず、原発開発を推進してきた現状。それが本書のスタート地点である。死者の眼差しから生者がどうしたら解放されるのか。そのためには、私たちを見つめている死者が誰なのか、その正体を明らかにしなければならない。

〝謎めいた死者〞と向き合うことは、私たちの社会の問題の根源を問うことになるだろう。生はどのように死を受け留めるのか？　生の終わりとは何なのか？

民主主義のいうところの平等とは、どのようなかたちで実現することが可能なのだろうか？　結局のところ、社会・国家・人間、他者との共存のかたちと、有限な命である自分自身を見つめることになる。死者と生者の関係を〝転移〞に準《なぞら》え、その感情の絆のかたちを、震災十年の歳月を超えた人の心の移り変わり、地域の移り変わりを通して論じなければならない。

もしそこに、終末的論的な時間観のもとでの来たる救済の啓示〔ヴァルター・ベンヤミン〕を見ようとするならば、私たちは、青髭と夕鶴の「隠し湯」の顕現を実感することになるのだろうか。しかし、厄介なことに、青髭や夕鶴は神仏ではなく、現実の生類である以上、「裸族」としてみずからを傷つけ、あるいは他者を傷つける病いを背負って生まれてきた。それは、いわゆる業の問題である。

末法の世

裸族が服を着て

被災地を巡る旅も十年を超えた。振り返ってみれば、その途中で、私は多くの菩薩たちと出会った。

たとえば冒頭に紹介した、震災後に仙台に就職した友人は言う――『俺は部外者という自覚のまま、一生、被災地にとどまり、自分のできることをしていきたい』と。逃げずに部外者であり続けること、それが自分に唯一できることだから。あるいは、いまだ戻れない帰還困難地域の故郷の人たちのために、学問を通してかれらの心の苦しみを解きほぐしたいと、大学院への進学を決意した女子学生。月々お金をやりくりして、京都から東北地方の、いまでも取り残された仮設住宅を訪れる若い僧侶。アメリカの大学に勤める日本人の教授は、日本の原発政策がアメリカの原子力ビジネスの下請けにすぎないことを、多くの日本の人たちに早く気づいてほしいと、講演を続けている。

菩薩とは、すべての衆生を済度するまでは自身は救済に預からない、という誓願を立てた者である。「世界がぜんたい幸福にならないうちは個人の幸福はあり得ない」――そう言ったのは、当時、日本社会でも故郷の花巻でも受け入れてもらえられなかった宮沢賢治[*4-13]。まさに菩薩の心得である。「草木悉仏性を有する」という言葉が仏典にあるように、人間もまた仏になりうる存在である。一神教ではないのだから、自分たち人間と神仏のあいだに乗り越えられない境界があるとは見なされていない。菩薩とは、神仏と人間のあいだ――天と人とのあいだ――をつなぐ存在の呼び名なのだ。

他方、生身の菩薩たちは自分のことを善人とは思わない。人間である以上、他人を傷

＊4-13　宮沢賢治「農民芸術概論綱要」1926年『宮沢賢治全集10』ちくま文庫，1995年，19頁．

つけ、他の生物の命を殺して、自分の生命を養う。他人を犠牲にすることで自分が生き延びることが、ある意味、人間の本質だからである。だから、法然や親鸞は自分たち人間を「悪人」に他ならないと言った。いかなる立派な聖人でも、煩悩ある人間であることには変わりはない。

人間が「裸族」である以上、その欲望を完全に抹消することはできない。それを自分の本質として認めるのか、他人の愚かさと片づけるのか、その悪人的性質にどう向き合うのか。それによって、当人の自己理解は決定的に異なることになる。

私たちが東日本大震災の被災地で学んだことは、他人の傷に向き合おうとするとき、なにか役に立ちたいと思ったとき、まさにそのときにこそ、傷の当事者ではない自分には、目の前の人の苦しみが、本人のようには理解できないということであった。

被災地に通う僧侶の言葉を借りるならば、己れの「無力さ」を噛みしめるということである。自分の善意が相手に対する悪意にさえ転じてしまうという、みずからの愚かさを噛みしめることである。その動機が善意であるにしろ——あるいは善意であるがゆえに——相手に関わろうとする動機（感情の転移）は、他者と自分を結びつけるや否や、自分が未解決に抱える心の問題を相手に〝転移〟させてしまう。

青髭が館に招き入れた娘たちをことごとく、不実な女として疑い殺害してしまうように。あるいは、新三郎が出会った女性たちに飽いてしまい、ことごとく怨霊と化させてしまうように。あるいは、復讐心を持った夕鶴ならば、魂の定まらない与ひょうの心を容易に支配できるだろうように。ここが決定的な瞬間なのだ。そこで湧き起こるみずからの感情を、件の「二重窓」に挟み込み〔本書一〇五頁〕、その蠢《うごめ》くさまを観察できるか、どうかが問われる。

被災地の仮設住宅の前で『お前なんかに、女房と娘を奪われた俺の気持が分かるか』と罵声を浴びて、僧侶は黙って頭を下げる。そう、人は自分が相手に対して無力だと感じたとき、その無力さに本当に申し訳ないと心底思ったときに、決定的な転回が訪れる。自分自身の生い立ちにこだわっていた自分の執着心から離れることができるのだ。

そのとき、さまざまな声が耳に入ってくる。だから、人間には「観音」という音を聴き分ける行為が必要になってくる。別れを告げるべき者と、共にいるべき者を選別しなければならない。それが、コトドワタシと黄泉《よみ》がえりが同時におこなわれる理由なのだ。あとの行方は、神仏への祈りに委ねるほかない。

はたして、ソウルメイトの存在を人間は、それぞれの人生を通してこの世で見出すことができるのであろうか？　――支配‐隷属関係の欲望が人間にある以上、それはとても難しい。だからこそ、裸どうしの「かけがえのない存在」となった夕鶴を失うことで傷つくことに、臆病な青髭は恐れる。傷ついてきたがゆえに出会えた二人だから、その運命もまた容易ではない。

そこで、トラウマによって刻み込まれた心の傷が疼きはじめる。傷つき、傷つけあってきた過去の台本が活性化してしまう。そうなるともはや、その心の傷は二人のコントールを離れて、氾濫し始めてしまう。〈負の転移〉である。かけがえのない相手に出会ったとき、きちんと共に在れるためにこそ、人は、それぞれの「悲哀」に、心の原風景に、向かい合わなければならない。大切な相手をいたわるためには、時として孤独な〝心の地下室〟の声に、ひとり耳を傾ける時間を過ごさなければならないのだ。

結局のところ「裸族」とは、裏と表のつながりがなく、裏は裏で、表は表で、と断ち切れている人種（あるいは表しかなく、裏の存在がない人種）を意味する。いずれも幼年時代のトラウマを背負っており、細やかな愛情を親から受けていないという傷を負う。二人が出会うとき必然的に、その裏と裏が〝秘密の小部屋〟で出会うのだが、傷をつけ合う可能性がある。

だからこそ「裸族」は、秘密の小部屋にあっても時に応じて「服を着る」習慣を学ばなければならない。自分をマゾヒスティックな奴隷にしないために、相手をサディスティックな支配者にしないために。夜、裸体の情事が終わったら、朝は服を着て日常に戻る必要がある。夜と昼の世界の世界を規則正しくスケジュール管理しなければならない。《フクシマ・モナムール》では、老婆とドイツ人の女性が、夜は手をつなぎ、幽霊の出現に備える一方で、昼間はともに掃き掃除をし、家の建物を幽霊に備えて補強した〔本書二〇八頁〕。このように、心の〝秘密の小部屋〟は補強されていく必要がある。そのために、一人一人の台本において「悲しみ」を一人でかみしめるのだ。成熟な二人の関係であるために、こそである。

そう、あのときあの子を見殺しにしてしまった自分の無力さを、一人でしっかりと噛みしめるのだ。今度はかけがえのない相手を傷つけることのないように、深くその「傷」を自分の心に刻み込むのだ。その傷の痛みの感情を、自分にも、寄り添ってくれる大切な相手にも、暴力的に押し付けないために。

そうすればもはや、過去から押し寄せる〝感情の津波〟に呑み込まれる心配はなくなる。そう、青髭の隣には、いつまでも夕鶴が安心して留まることができる。ときに喧嘩していても、お互いに傷ついた人生を生きてきた二人は、互いにとって相手がかけがえのないソウルメイトであることはわかっている。青髭と夕鶴は昼間に日常生活のことで揉めていても、夜になれば仲良く混浴風呂に入り、互いを慈しむのだ。

《フクシマ・モナムール》の浜辺の家で、老婆の隣にドイツ人の女性がいたように、である。だが、新三郎とお露はそうはいかなかった。なぜならば、お露はすでに心が死んでしまったからだ。イザナミが黄泉《よみ》の国の食べ物を口にしてすでに死者になってしまったように……。

では、ここでいう「死」とは何か？　――心がこなごなに破壊されてしまった状態のことだ。もはや心の裏と表をつなぐ橋が破壊されて、この両領域の統合が不可能になっている状態である。バルザックの〈アデュー〉のヒロインのように。だから信頼された者は、かれらの言葉を真に受けてはならない。真に受けないと同時に、疑ってもならない。とても難しい関わり方ではある。

それが、人間の社会が複数性（人間関係の網の目）〔ハンナ・アーレント〕――人間と非人間からなる関係性の網の目〔ブルーノ・ラトゥール〕――から構成される、という意味なのだ。「悲哀」に向かう際に、人間は、内面という私的領域においては一人だが、一人きりで「悲哀」に呑み込まれないよう、他者との公共空間の只中に組み込む配慮が必要となる。

人間という存在は、生者と死者のあいだで、ヒトと動物のあいだで、社会と非社会的な存在のあいだで、宙づりになった存在である。そのあいだで蠢《うごめ》くがゆえに、人間は一面的な存在に同化することができず、みずからの内に〝余白〟を抱え込む。それが異種混淆*hybrid*的な主体（あるいはダブルバンドを刻印された主体）である。

生者と死者のあいだで引き裂かれること、それが「良い加減に生きること」〔北山修〕なのだ。こうした言葉こそが、「敵か味方か」といった古い〝私たち〟に代わり、新しい〝私たち〟を――それまで理解できていなかった他者を含みつつ――再編していく、鍵を握るものとなる。

対をなす公的領域と私的領域。公的領域では、各主体が形成する「複数性」の空間を統合する〝謎めいた他者〟の眼差し。私的領域は〝秘密の小部屋〟。そして〝謎めいた他者〟は地下の埋納室に対応する。この三者の関係によって、人間の社会は構成される。各主体は完結した閉域ではなく、秘密の小部屋や埋納室に絶えず浸食されずには関係し得ない、翻訳不可能性に満ちた主体なのである。

その三者関係が織りなす交渉過程――排除か包摂か、体内化か同化か、あるいは排除しながらの包摂か――から個が形成されると同時に、「人間関係の網の目」としての社会が構築されていく。そこで生まれる社会秩序や個人の主体性を維持するためにも、境界を確定させるコトドワタシと同時に、そこから黄泉《よみ》がえるための選別が不可欠となる。

ここにおいて、鎮魂による「生から死へのコトドワタシ」が完遂される。

旧・大川小学校に設けられたの祭壇がその典型である。鎮魂施設となった荒浜海岸の聖観音像や、松川浦の祈念館、あるいは伝言館の非核の灯の果たす役割がある。南三陸町の剥き出しの鉄筋のみで残った防災庁舎、石巻南浜津波復興祈念公園の祈りの空間。福島においてはこうした追悼施設がまだ少ない。それは、いまだ自分たちの死者をコトドワタシする気持や状況に至っていないことを物語る。一見、日常を取り戻したように見えるいわきの町が、いまも、世俗と聖なるものの混じり合った空間として混在しているのが、なによりの証拠である。

二〇一一年三月一一日の夜半、実際に私が目覚めた場所は、宮城県南三陸町の海辺のホテルであった。多くの人が津波に呑まれていった場所だ。海辺の高台の断崖に建てられたこのホテルは、中層部までは津波に襲われたが、上層部はそのまま、旅行客と地域住民、約六百人の避難所に転用された。ここに泊まった晩、私は次のような夢を見た。

事故で亡くなった安丸良夫先生が『これからあの世に赴く』と言う。私も『この世に未練はないので連れて行ってください』とお願いする。先生は私を伴って、細くて長い道をとぼとぼと歩いていく。白いコンクリートで出来た、とても無機質的で衛生的な舗道だ。東大の安田講堂地下の食堂のような、地上から入ると地下を見下ろす歩道橋がまっすぐ架かっていて、その下には白い棺に入った死者が縦横に規則正しく並べられている。一方で、いまだ棺に入らず、歩いたり、机に座って、物を書いている人たちもいる。安丸先生の説明によれば、現世に思いを残していない人はすでに成仏して死者の白い棺に入っている。まだ起きて活動している人たちは、現世にし残したことがあって、ここで仕事をしているのだと言う。『僕は突然の事故で亡くなったから、もう少し作品を書きたいんだよね。だから、この世界でしばらく生きていることにする』。そして『君はどうするんだ？　戻るなら、他のメンバーたちに掛け合ってあげるよ』と言われた。しばらく悩んだ末に、私は『よく考えると、もう少しやることがあるような気がする』と、戻ることにする。そして、私はもと来た道をひとり歩き始めた。

これは明らかにコトドワタシの場面、死者との離別の物語である。「自分のような者に生きる意味などない」と、現世に戻ることをためらう自分に、「意味があるから人間は生きるのではない。生きることそのものが意味あることなのだ」という言葉が現世から聞こえたような気がしたのだ。

南三陸町は高さ一二mの津波に襲われた地域である。低地にあった市民災害庁舎は、三階建ての建物の先端まで津波に巻き込まれ、アンテナにしがみ付いて生き残った一部の人を除いて、八三一人が死亡あるいは行方不明となった。町の建物の六割強が全半壊という決定的な打撃を被った。

このように猛威を振るった海も、現地に行くと、いまでは何もなかったかのように静かだ。穏やかな海の波が寄せては返すだけである。蠣の養殖用の筏が浮かび、カモメたちがホテルの客間の食べ物を狙って、海と部屋のバルコニーの欄干のあいだを行き交う。夜半に夢から目覚めた私の耳には、ただ静謐な波の音が繰り返し聴こえるだけである。

いまだ、なかば眠りにまどろんでいる自分が、暗闇の部屋の只中で目を開ける。繰り返される波の音。自分の魂が波に洗われているかのようだ。昼間巡り歩いた被災地関係の、数々の追悼施設が思い浮かんでくる。

この志津の海から幽霊たちが上陸してくるのであろうか。いいや違う、誰も現れはしない。ふたたび私は眠りに落ちかける。ふと、闇のなかに顔が浮かび上がる。観音様の笑顔だった。二度ほど私に笑いかけては消えていった。何も心配することはないと、微笑みかけてくれたのだ。

生涯にわたって、人間の悪という問題に取り組み、最後はみずからの命を絶った太宰治は「それ以来、人間は永遠に不幸に悶えなければならなくなったが、しかし、その匣の隅に、けし粒ほどの小さい光る石が残っていて、その石に幽かに『希望』という字が書かれていた」と、[*4-14] ほんのわずかなものにも、希望のありかが見つかることを語ってい

＊4-14　太宰治「パンドラの匣」1946年．

る。

次つぎに登場人物が亡くなっていく小説『ノルウェイの森』のなかで、村上春樹はその主人公に次のような台詞を、自殺した親友に向かって語らせている。[*4-15]

おいキズキ、と僕は思った。お前と違って俺は生きると決めたし、それも俺なりにきちんと生きると決めたんだ。お前だってきっと辛かったんだろうけど、俺だって辛いんだ。……でも俺は彼女を絶対に見捨てないよ。なぜなら俺は彼女が好きだし、彼女よりは俺の方が強いからだ。そして俺は今よりももっと強くなる。そして成熟する。大人になるんだよ。……俺はもう十代の少年じゃないんだよ。俺は責任というものを感じるんだ。……そして俺は生きつづけるための代償をきちんと払わなきゃならないんだよ。

ここに、他者への倫理が成立する。他者のためにこそこの世に留まる決意と、その責任である。そのとき、〝謎めいた他者〟の眼差しに操られるままに生きてきた私たちの主体性が立ち上がり、その眼差しに対して「自分の是非」のもとに応答する生き方、人生の港に錨を降ろす決断が、個人として為される。個人が、自分を同化する種や民族や組

*4-15　村上春樹『ノルウェイの森』講談社, 1987年, 179-180頁.

織のためにではなく「自分の意思」のもと、誰かのためにこの世に留まるのだ。それは自分のためではない。来たるべき誰かの痛みのために、自身の傷をひとり噛みしめることだ。

……四・三によって共同体が破壊され、人間の精神が破壊された。〔略〕それをどうやって回復するか、記憶の回復、人間の回復というのがようやく起こってきたわけや。〔略〕記憶を殺されて、無意識の中に沈み込んだ記憶を抱えて、現実の日常は普通に生きているけど、それはまともに生きていることにならない。〔略〕無意識の中に、地下に埋もれた死者たちの記憶を地上に蘇らせなければならない。

在日の作家、金石範の言葉だ。[*4-16] 人間の尊厳の本質を指すと同時に、ソウルメイトを結びつける絆をなす。認識というよりも、それ以上の「生きる姿勢 *the form of living*」である。生への意思は、その限りのない虚無への認識から絶えず立ち上がってくる。それが、藤間生大が私に語った「絶望の認識からしか、生への希望は生まれない」ということになろう。

*4-16　金石範・金時鐘『なぜ書きつづけてきたのか。なぜ沈黙してきたのか。── 済州島四・三事件の記憶と文学』平凡社，2001年，210頁．

そう、ふさわしい相手に別れを告げる覚悟をしたとき、私たち生者は、この世へふたたび戻るための「かけがえのない大切な存在」を手に入れることができる。適切なコトドワタシこそが、黄泉《よみ》がえりの鍵を握っているのだ。

そのとき、声が、失われた私の声が、少しずつだが回復の兆しを見せる。以前のように高い声で、広い音域で話すことはできない。でも、ひび割れた声でも、低い音域を使ってゆっくり話せば、十分に他人に思いを伝えることはできる。むしろ、ゆっくり低い声で話す分、そこに思いを込めて伝えることができる。私の声は以前と異なるかたちで、新しい声帯の可能性を発見することで蘇りつつある。

［終幕《終わりのない》］

生者の国で言葉を紡ぐ――どこにもいないあなたへ

被災地で活動する多くの支援者に交わるなかで、躓《つまず》きの石❖2-1が「知識から実践へ」という過程にあることを、私は感じてきた。情報として蓄積した知識が、自己のあり方を問いかけ、他者にみずからを開いていく実践的契機になり得るか否か。その「実践」は、受け入れ難い自己批判の契機を伴う。

知識が「実践」と結ばない範囲で動いているうちは、主体はその認識を更新することができない。知識は、主体みずからの在り方を変更しない範囲で（あるいは現在の主体のあり方を肯定するかたちで）しか受け入れられないからである。この境界性を突破することができるならば、主体は〝謎めいた他者〟の眼差しを批判的に捉え直すことに成功し、それまで自分を捉えていた自己幻想の殻から抜け出すことだろう。死者の国（あるいは妖怪の国）からの脱出、コトドワタシである。

そのためには、みずからの社会の傷から目を背けないことである。

フクシマの〈白い土地〉――この公共圏の外部（あるいは余白）で何が起きているのか？　その傷跡を私たちは、本書を通してしっかりと見定めてきた。

❖2-1　信仰にまつわる「つまずき」が聖書にはたびたび登場する。ヨーロッパに見られる「つまずきの石」には、ナチスの迫害による犠牲者が刻み込まれている。

震災十年後でも癒えることのない傷を抱えた石巻、沢田研二が死者の魂を弔った南相馬、さらには福島第一原発周辺の双葉郡に足を踏み入れ、近代国家の中枢と周縁の双方を視野に収める。そして最後に、聖と俗界が交差する空間、いわきへと立ち戻ってきたのだった。

私もまた震災十年を超える歳月のあいだに、篤疾や事故で、大切な人たちを失ってきた。国民国家を批判してきた西川長夫、民衆史を推し進めてきた安丸良夫と、ひろたまさき、そして、希望の歴史学を暗い時代に唱えた藤間生大。かれらが等しく私に説いたのは、「他者に開かれた学問であれ」ということであった。他者とは、いまだ見ぬ来たるべき対話相手を指す。じつのところそれが、社会と呼ばれる多数の人間たちが行き交う場である。

複数性の空間として規定された公共圏〔ハンナ・アーレント〕とは、私たちにとって想像を超えた〝共約不可能な他者〟と出会う場としての社会である〔本書五三頁〕。そうした他者とどのように対話をしていくか？　そうした心づもりで、いまだ見ぬ相手に対して自分の文章を宛てなさいと、かれらは私に説いてきた。それが国民化という均質化された主体のあり方を打破する方途であり、理解の容易ならざではない民衆という内なる存在との対話の糸口なのだ。

人間には制御することのできない、本源的に「悪」と呼ばざるを得ない存在が、本人の意向とはかかわりなく、この世にはあるのだと思う。じつのところ、かれらを排除することでしか、社会は成立しないものでもある。見えないものを見えるようにすることも大切だが、それと同じくらい、「見えないものを見えないままに留め置く」ことも大切な行為なのだろう。この世には、悲しいことではあるが、無力な存在の人間には手出しのできない禁忌《タブー》がたくさんあるのが現実である。

そうであるからには、精神分析的立場から震災以降の日本社会を論じてきた本書としては、社会に生じた「暗部」への禁忌《タブー》に対して、私たちがいかに目を見開くか、が関心事となる。

暗部に目を見開くこと。それがまさに「見えないものを見る」「見えないものに形を与える」という学問の責務である。しかし同時に、その光景に緊縛されてはならない。鳥かごに自分の魂を閉じ込められてはならない。鳥かご——それは殺戮が繰り返された青髭の秘密の部屋のことである。新三郎の部屋の外側に無限に広がる闇の世界でもある。そこから成仏できないお露の霊はやって来る。

かれらを二度とこの社会に招き入れないよう注意を払う一方で、かれらの存在を無かったことにしないように、祠を立てて祀る。それは、邪悪な存在を神として祀り直す行為であると同時に、かれらを死者の世界へと押しやる「封印」の行為なのだ。そうすることで、いままで目に見えるかたちで横行していた亡霊や半妖怪たち、あるいは裸族たちの世界が、非可視化されて、境界線の向こう側の異界へと封じ込められていく。

死者と生者の行き交う空間に、終わりを告げるのだ。

見よ。いまや、死者の国の扉が閉じられていく。青髭と夕鶴がその扉を閉じているではないか。死者の世界、それは血塗られた殺戮の歴史、あるいは異形の者として傷つけられた歴史。そうした出来事をかれらは、生きた歴史から「心のなかの記憶」として封印する。そうすることで、かれらが経験した負の出来事は、現実の世界に無限に漂い出ることをやめて、心の〝秘密の小部屋〟のうちに生きた記憶として収められる。そのとき症状は、〈負の転移〉を展開することをようやく止める。

もちろんかれらは、自分が経験してきた出来事を忘れることはない。なぜならば、その経験そのものが、青髭や夕鶴をまぎれもなく歴史的に作り出してきた養分だからである。精神分析医のジャック・ラカンはそうした「経験の歴史的所産」を、主体を作り上げる〈症候 *symptom*〉と名づけた。だがその一方で、その症候に捕われ続けるならば、青髭は何度でも娘たちを誘惑するだろう。そして故意に〝秘密の小部屋〟を開けるよう仕向けて、その罰として殺害を続けてしまうことだろう。夕鶴も、その身を傷つけつつも、何度でも罠にかかり、人間の男性が通りかかるのを待ってしまうだろう。

その反復をやめさせるためには、忘却——それは〈否認〉でしかない——ではなく、その経験を「結界」で囲むことでひとつのまとまりのある記憶として保持する必要がある。そしてドアを閉じる。「開-閉」の熟練が、自分の心の表側と裏側を往来するためには不可欠になる。

死者や半妖怪と生者の世界を、区切ると同時につなぐ蝶番《ちょうつがい》の役割。それが生者の側からの「捉え返す」橋なのだ。

だからこそ私たちは〝謎めいた死者〟である青髭や夕鶴のために、どのようなかたちで「歴史」を語り直していくべきなのか、その語り方を問題としていかなければならないのではないだろうか。そのとき、来たるべき新たな世代の者たちの差し出す手が、死者たちの記憶に耳を傾けるがために異界に呑み込まれんとする私たち表現者——異なる世界の翻訳に従事する者たち——を生者の国に踏み留まらせようと、助けてくれることだろう。

❖2-2　古代ローマでの法的立場、「聖なる人」。犯罪を犯すなどで法秩序の外（例外状態）に置かれた人を指す。

暗い森に囲まれた異界の沼。その畔で水面に目を凝らしながらも、水底に魂を吸い込まれることなく、私たちは、岸辺の大地に踏み留まらなければならない。

半魚人の沼のほとりに立ち、その眼差しを沼の出来事へとしっかり定める。その脚はあくまで湖畔の岸に踏ん張り、けっして沼のなかに呑み込まれていくことない。大地に根ざした体は沼に向けられつつも、その手は、自分が見たものを他の生者に受け渡すために、沼とは反対の生者の土地に向かって差し出されている。なぜなら、その繋がれた二つの手を通してこそ、死者の国の宝物は、生者の国へと蘇ってくるものだから。

顔は沼に向けられているものの、身体は生者に国の若者たちに向き合う。こうした捻じれた主体の態勢こそが、「生者の国か、死者の国か」という二項対立に還元されきれない、主体の二重性、いわゆるダブルバインドという構えなのである。

だからこそ、不気味な死者たちの住む陰鬱な世界は、生者の世界へと「橋渡し」され、状況において開閉自在な扉が、その二つの世界の往来を取り仕切ることになる。だからこそ死者へのコトドワタシが、冥界をさまよった生者たちの蘇り（黄泉がえり）を可能にするのである。

かつて藤間生大が私に語った予言を忘れてはならないだろう。

見えている人間が、その視力の代価として支払わなければならない「孤独*solitude*」である。みんなに見えないものが見えてしまう状況は、他者と言葉が通じない関係をつくりだす。みんなに見えないもの、それは、社会を定礎づける際に生じた犠牲者という禁忌《タブー》である。

そうした非共約な関係は、見える者に「狂人」の名を背負わせることで、社会から追放する。ホモ・サケル[2-2]のように〔ジョルジョ・アガンベン〕。『おまえさえいなくなれば……』という呪いの声が聞こえて来ていたのだ。それは、共同体祭祀によって聖化されることなく、ただ無意味に殺害される、非人間化された人間。かつての日本社会では、かれらは文字どおり「非人」あるいは「穢多」と呼ばれ、差別されてきた。なぜならば、公共圏から放逐された者たちには、もはや人権は認められていないからである。

〝秘密の小部屋〟でともに暮らすということは、等身大の人間として向き合い、その限界を許しあいながら、ときに地下室から聞こえてくる〝謎めいた他者〟の声に耳を傾けつつ過ごすということであろう。その過程において、謎めいた他者が投影されていた等身大の人間から分離をし始めて、どこにもいないあなたが目の前に姿を現す。

行き着いたかたちは、存在の「孤独 *solitude*」。でも、自分だけが孤独なのではない。集団のなかで孤立 *isolation* して悲嘆する寂しさ *loneliness* とは違う。私たち一人ひとり、存在の本源形態が孤独なのだ。

だからこそ、自分の地下室から聞こえてくる声を聴くことで、どこにもいないあなたを介した間接なかたちで、人間は他者と手を結ぶことができる。それが〝共約不可能なものの共約性〟すなわち「比較できないものを共に測る」ことのできる関係なのだ。「人間関係の網の目」と呼ばれる〔ハンナ・アーレント〕社会の構成原理なのである。

そこに不可触の禁忌《タブー》が必要とされる。ホモ・サケルの出現である。社会秩序を構成する公共空間に「排除」が伴う理由である。その向こう側には半魚人たちの沼が見える。そこを往来する半魚人、鳥頭人間、殺人鬼としての青髭、動物としての夕鶴、幽霊としてのお露。そして、フクシマという〈白い土地〉。私たちがそれを現実に人間や場所のみに重ね合わせ、みずからの心のうちにある――そして社会のうちにある――地下室の存在を否認するとき、差別は、特定の人間あるいは地域に押しつけられる。あるいは、私たちがみずからを差別とは無縁だと自己理解するとき、そのときどこか具体的な場所で、悲しむ人びとの声が生じる。

エピローグ

見えないものを語るために

ここにいたって私たちは「菩薩が来りて衆生を済度する」という言葉の意味が腑に落ちることになる。それは、現実に対する人間の見方を変える、ということである。つまり、「見えるものを見えなくする」現状の認識様態から、「見えないものを見えるようにする」こと。言葉あるいは儀礼を通して、この認識論的転回を経たとき、衆生が菩薩になる。極楽浄土に成仏するのではない。誰かが苦しむかぎりはこの世に残る菩薩になるのである。

そこにおいては、自分が救われようとする欲望もまた相対化される。菩薩の「済度」は橋を渡すこと。コトドワタシが切断の行為だとすれば、済度とは、別の次元へと人間を移す「橋渡し」。自己の救いを願望する耽溺した状態から、他者の苦痛の理解への移行である。

フクシマという〈白い土地〉、青髭の秘密の部屋、障子の向こうのお通の部屋。禁忌とされた地下の埋納室に、目を遣り、耳を澄ます。

そこでパニックになることなく、見放すことなく、かれらの傷とともに在ろうとすること。それが、異形の者が〃秘密の小部屋〃の蓋を閉め、その記憶を保持しつつも、生身の人間として、互いの孤独 *solitude* を支え合って暮らす意味なのだ。ここにおいて、社会的な症候に捕らえられていた個人をめぐる〈負の転移〉は、人間同士の信頼関係に基づいた〈正の転移〉へと変容を遂げていく。

心の〃秘密の小部屋〃の扉を閉じた、青髭とお通。かれらが出会う場所は、今度はこの世のなかとなる。みずからが馴染んだ世界観のもとに他者の言葉を同化するのではなく、他者が語る言葉の世界にみずから赴き、自分自身の言葉をいったん宙吊りにしたうえで、相手の理解を試みる姿勢が、そこで誕生する。自分を他者の世界観にさらして自己変容を図る、捨て身の行為である。もちろん、自分が他者に同化されることもない。同化という発想法そのものが、誰を本位にするにせよ、根本的に否定されるのだ。

心のなかの青髭やお通と自身を二重化させることに成功したとき、みずからに背負わされてきた〈症候〉のくびきから解き放たれ、日常世界で生活をともにする。魂のパートナー、ソウルメイトとして、この世を生きるのだ。青髭やお通は、多くの亡くなった者たちのイコンであり、被爆した動植物たちのイコンなのである。それはフクシマという名を、現代社会において背負う者たちなのである。

本書は、磯前礼子氏とともに福島県の浜通りから、宮城県の海岸部を巡礼するなかで構想されたものである。その旅も十三年に及ぶ。
旅の同行者として、あるいはそれぞれの土地の支援者として、里見喜生氏、木村紀夫氏、佐藤弘夫氏、上村静氏、山形孝夫氏、金沢豊氏、鈴木英生氏、高橋原氏、磯前和己・裕江夫妻、苅田真司氏、村島健司氏をはじめとする、多くの人びとのお世話になった。

国内外で発表をおこなう貴重な機会も、諸学兄姉から頂いた。ここにあつくお礼を申し上げる。

平野克弥氏〔UCLA〕、タラル・アサド氏、プラセンジット・ドゥアラ氏〔デューク大学〕、ハルオ・シラネオ氏〔コロンビア大学〕、フレドリック・ディキンソン氏〔ペンシルバニア大学〕、ケネス・ルオフ氏〔ポートランド州立大学〕、シドニー・ルー氏〔ミシガン州立大学〕、トレント・マクシー氏〔アマースト大学〕、イシュトファン・ペツェル氏〔ハンガリー・中央ヨーロッパ大学〕、アンカ・フォシュナウ氏〔ブカレスト大学〕、マリオン・エガート氏〔ドイツ・ルール大学ボッフム〕、クラウス・アントーニ氏〔ドイツ・テュービンゲン大学〕、汪暉氏〔清華大学〕、郭連友氏〔北京外国語大学〕、鍾以江氏〔シンガポール国立大学〕、鄭偉氏および馬冰氏〔中国・北華大学〕、韓東育氏〔中国・東北師範大学〕、趙寛子氏〔ソウル大学〕、巌仁卿氏〔高麗大学〕、豊沢信子氏〔チェコ・アカデミー研究所〕、酒井直樹氏〔台湾・新交通大学〕、安部智海氏〔西本願寺〕、鈴木岩弓氏〔東北大学〕、森聡氏〔朝日カルチャーセンターくずは教室〕、細貝陽子氏〔常陽芸文センター〕、左海陽子氏および今井幸氏〔国際日本文化研究センター〕ほか皆さま、ご協力を賜りまことにありがとうございました。

とくに、法華コモンズ仏教学林の澁澤英紀氏には、六回にわたるシリーズ講演の機会を頂戴した。司会の菅陽子さん、木立の文庫の津田敏之さんとともに充実した考察の場となった。このシリーズ講演がなければ、本書の成立は現行のような水準では無理であった。ご参加の皆さんに、本書の読者になってくださった方々とともに、深い感謝の意を捧げたい。

これをもって、『死者のざわめき――被災地信仰論』〔二〇一五年〕、『きよみず物語――被差別信仰論』〔二〇二四年予定〕と続く三部作が完結する。いずれも、近代プロテスタンティズムの影響を受けた「宗教」概念を取り払ったときに、日本社会の土着層をなす人びとの生活に何を見出すことができるか、を素描する主題に貫かれたものとなった。

それにあたっては、精神分析の立木康介さん、マッサージ師の須之内震治さんと、自己および社会の心のありようをめぐってセッションをもつ機会に恵まれたのは幸いであった。こうした場がなければ、東北の被災地、なかでも福島の浜通りで被災した人びとの圧倒的な経験を咀嚼することは困難であった。お二人に感謝の気持を捧げる。

これまで被災地で出会ったすべての皆さんに、ありがとうございましたと申し述べて、筆を擱くことにしたい。

二〇二四年二月　十三回目の東日本大震災祈念日を前に

磯前順一

磯前 順一（いそまえ・じゅんいち）

1961年、水戸市に生まれる。「見えないものを語ろう」とする癖《へき》が高じて宗教学者に。東京大学大学院人文科学研究科宗教学専攻博士課程中退。博士（文学）。海外の大学の客員教授や客員研究員を歴任。2024年現在、国際日本文化研究センター（京都）教授。

磯前プロジェクト室主宰。

著書に『近代日本の宗教言説とその系譜』〔岩波書店, 2003年〕、『閾の思考』〔法政大学出版局, 2013年〕、『ザ・タイガース：世界はボクらを待っていた』〔集英社新書, 2013年〕、『死者のざわめき』〔河出書房新社, 2015年〕、『昭和・平成精神史』〔講談社, 2019年〕、『公共宗教論から謎めいた他者論へ』〔春秋社, 2022年〕、『石母田正』〔ミネルヴァ書房, 2023年〕、『居場所のなさを旅しよう』〔世界思想社, 2023年〕など。外国語に翻訳された書物など多数。

kodachi no bunko

生者《せいじゃ》のざわめく世界《せかい》で
震《しん》災《さい》転《てん》移《い》論《ろん》

2024年2月21日　初版第1刷印刷
2024年3月11日　初版第1刷発行

著　者　磯前順一
発行者　津田敏之
発行所　株式会社 木立の文庫
京都市下京区新町通松原下る富永町107-1
telephone 075-585-5277
facsimile 075-320-3664
https://kodachino.co.jp/

造　本　鷺草デザイン事務所　尾崎閑也
印刷製本　モリモト印刷株式会社

ISBN 978-4-909862-33-4 C0014